ANGLAIS A2



# Join the Team 5e

Édition 2011

# Workbook

Sous la direction de :

**Hélène Adrian**
IA-IPR
Académie de Versailles

**Cyril Dowling**
Professeur agrégé
Lycée français de Barcelone
Conseiller pédagogique

**Nadia Hached**
Professeur certifié
Collège Anne Frank, Roubaix (59)
Formatrice associée – Académie de Lille

**Sylvain Kustyan**
Professeur certifié
Collège Blaise Pascal, Mazingarbe (62)
Formateur associé – Académie de Lille

**Sylvie Sandra**
Professeur certifié
Collège Vauban, Maubeuge (59)
Formatrice associée – Académie de Lille

Nathan

**Édition :** Fanny Husson, Axelle Thomas

**Illustrations :** Philippe Chauvet, Laurent Audouin (pp. 27, 74 ,94), Mademoiselle Caroline (pp. 68, 72, 73), Philippe Gady (p. 16), Sébastien Telleschi (pp. 7, 25, 36, 98), Maureen Wingrove (pp. 6, 11, 31, 40, 41, 56, 62, 70, 77, 85, 86, 91, 106, 107)

**Iconographie :** Valérie Delchambre

**Conception de la maquette :** Anne-Danièle Naname

**Couverture :** Grégoire Bourdin

**Mise en pages :** Christine Chenot

# Sommaire



## Les logos utilisés dans le Workbook

Écouter

Lire

Parler en continu

Parler en interaction

Écrire

CD ÉLÈVE PISTE 4 Document enregistré sur le CD élève

CD CLASSE Document enregistré sur le CD classe

→ Renvoi au manuel

# Show what you know

→ Manuel p. 10-11

## Challenge 1 Meet a new pupil

CD CLASSE

**a Situe la scène.**

Où ? .................................................. Quand ? ..................................................

**b Présente les personnages.**

| | | | | |
|---|---|---|---|---|
| **Nom** | | | | |
| **Âge** | | | | |
| **Ville d'origine** | | | | |
| **Hobbies** | | | | |
| **Autres informations** | | | | |

**c Décris la situation.** ..................................................

..................................................

## Challenge 2 My new class

**a Dis de quel type de document il s'agit.**

..................................................

**b Donne des informations sur l'identité de l'élève qui l'a écrit.**

..................................................

..................................................

**c Explique son sujet général.**

..................................................

..................................................

..................................................

**d Parle des amis, des goûts et des loisirs de l'élève.**

..................................................

..................................................

..................................................

## Challenge 3 Spot the differences

**Regarde attentivement les deux illustrations dans ton livre p. 11 et repère au moins 5 différences. Fais cinq phrases pour les décrire.**

- ..........
- ..........
- ..........
- ..........
- ..........

## Challenge 4 Interview a classmate

**Interroge un de tes camarades pour qu'il (elle) réponde aux questions de ce formulaire.**

Name: .......... Age: ..........

Address: ..........

..........

City: ..........

Family (brothers and sisters): ..........

..........

..........

Pet: ..........

Favourite school subject: ..........

Hobbies: ..........

## Challenge 5 Tell us about you

| Help Box | My name… I live… I have got… I like/love… I can… I can't… I play… |
|---|---|

..........

..........

..........

..........

..........

# Join our talented team

→ Manuel p. 12-13

## 1 Meet Chad, the first contestant

CD CLASSE

**a Listen to Chad's performance and get information about him.**

Family name: ……………
Name: Chad  Age: ……………
Date of birth: ……………
Place of birth: ……………
Nationality: ……………
Origin: ……………
Address: ……………
……………

**d Listen and write these dates of birth. Write the numbers in letters.**

- ……………
- ……………
- ……………
- ……………

## 2 Speak about Tom's likes and dislikes

CD CLASSE

**a Listen to Tom and take notes.**

| Tom | Tom's parents |
| --- | --- |
| ♥ …………… | ♥ …………… |
| …………… | …………… |
| ✗♥ …………… | ✗♥ …………… |
| …………… | …………… |

**b Now your turn. Write keywords about what you like and don't like.**

……………

| ♥ | ✗♥ |
| --- | --- |
| …………… | …………… |
| …………… | …………… |
| …………… | …………… |
| …………… | …………… |

## 3 Speak about Scarlett and her family

**a** **Listen to Scarlett and find information about her family.**

.................................... ....................................

.................................... ....................................

## 4 Speak about Scarlett's talents

**a** **Listen to Scarlett and find out what she can or can't do.**

| 👍 | 👎 |
|---|---|
| .................................... | .................................... |
| .................................... | .................................... |

**b** **Test your classmates! Ask 2 classmates questions about their talents.**

| | | |
|---|---|---|
| 1: .................... | ....................................? | ☐ Yes ☐ No |
| | ....................................? | ☐ Yes ☐ No |
| | ....................................? | ☐ Yes ☐ No |
| 2: .................... | ....................................? | ☐ Yes ☐ No |
| | ....................................? | ☐ Yes ☐ No |
| | ....................................? | ☐ Yes ☐ No |

## YOUR TASK

| | Prepare your questions | Write the contestants' answers |
|---|---|---|
| Identity | ....................................<br>....................................<br>....................................<br>....................................? | ....................................<br>....................................<br>....................................<br>.................................... |
| Family members | ....................................<br>....................................<br>....................................<br>....................................? | ....................................<br>.................................... |
| ❤ / ❌ | ....................................<br>....................................? | .................................... |
| 👍 / 👎 | ....................................<br>....................................? | .................................... |

# Part 1 A trip to New York

## Build up and organize your vocabulary

→ Find help p. 22

# A trip to New York

**IN THE CITY**
- a skyscraper
- ……………………
- ……………………
- ……………………
- ……………………
- ……………………
- ……………………

**MEANS OF TRANSPORT**
- a ferry
- ……………………
- ……………………
- ……………………
- ……………………
- ……………………
- ……………………

**ACTIVITIES**
- ice-skating
- ……………………
- ……………………
- ……………………
- ……………………
- ……………………
- ……………………

**NATIONALITIES**
- American
- ……………………
- ……………………
- ……………………
- ……………………
- ……………………
- ……………………

**FAMILY MEMBERS**
- a brother
- ……………………
- ……………………
- ……………………
- ……………………
- ……………………
- ……………………

Part 1

# Unit 1 Back home!

## Discover

→ Manuel p. 16

### Wordgym

CD CLASSE

**Listen and complete the grid with ♥, ♥♥ or ✗.**

| |  |  |  |  |  |
|---|---|---|---|---|---|
| **nephew** | | | | | |
| **daughter** | | | | | |
| **husband** | | | | | |
| **brother** | | | | | |
| **niece** | | | | | |

**2** **Listen and take notes about Mark's family.** CD CLASSE

| | Peter | Deb | Mary | Dan | Dennis |
|---|---|---|---|---|---|
| Family link to Mark | ........ | ........ | ........ | ........ | ........ |
| Nationality | ........ | ........ | ........ | ........ | ........ |
| Hobbies | ........ | ........ | ........ | ........ | ........ |

**3** **Listen and take notes: who is speaking? Where are they?** CD CLASSE

| | Conversation 1 | Conversation 2 | Conversation 3 |
|---|---|---|---|
| **Who?** • How many voices?<br>• Family link? | ........<br>........ | ........<br>........ | ........<br>........ |
| **Where?**<br>• Grand Central Station?<br>• Kennedy Airport?<br>• Brooklyn Bridge? | ☐<br>☐<br>☐ | ☐<br>☐<br>☐ | ☐<br>☐<br>☐ |
| Justify your choice. | ........ | ........ | ........ |

# Listen and speak

CD ÉLÈVE PISTE 2

→ Manuel p. 17

**4** **a** **Look at the first two pictures in your book p. 17 and guess: where? who? where from? Listen, check and give your clues.**

**WHERE?**

| Look and imagine | Listen and write your clues |
| --- | --- |
| • ……………………………………………… ? | …………………………………………………………………… |
| • ……………………………………………… ? | …………………………………………………………………… |

**My tactics**

Pour déduire où la scène se passe, je repère ……………………………………………………

**Now recap!** The scene takes place ……………………………………………………………

**WHO?**

| Look and imagine | Listen and write your clues |
| --- | --- |
| • ……………………… ? • ……………………… ? | …………………………………………………………………… |
| • ……………………… ? • ……………………… ? | …………………………………………………………………… |

**My tactics**

Pour savoir qui parle, je repère ……………………………………………………………………

**WHERE FROM?**

| Look and imagine | Listen and write your clues |
| --- | --- |
| • ……………………… ? • ……………………… ? | …………………………………………………………………… |
| • ……………………… ? • ……………………… ? | …………………………………………………………………… |

**My tactics**

Pour savoir d'où viennent les personnages, je repère ……………………………………………

**Now recap!** The man is ……………………………………. He's from ……………………………………

The boys are ……………………………………. They are from ……………………………………

The girl is ……………………………………. She comes from ……………………………………

**b** **Listen and learn more about Scarlett. Take notes.**

**Family**

- ..............................
..............................
- ..............................
..............................

**Home**

- ..............................
..............................
- ..............................
..............................

**Friends**

- ..............................
..............................
- ..............................
..............................
- ..............................
..............................
- ..............................
..............................

**c** **Now focus on Chad.**

| Imagine Chad's problem | | Listen and write your clues |
|---|---|---|
| • sad? | • ..................? | .............................................. |
| • ..................? | • ..................? | .............................................. |

**My tactics**

Aide-toi des images et de ce que tu entends pour déduire l'heure qu'il est à New York.

..............................................................................

**Now recap!** Chad is .............................. because of ..............................

**Store up your vocabulary**

**Regarde les images et note une nouvelle expression et un nouveau mot appris dans la conversation.**

- ..............................................................
- ..............................................................

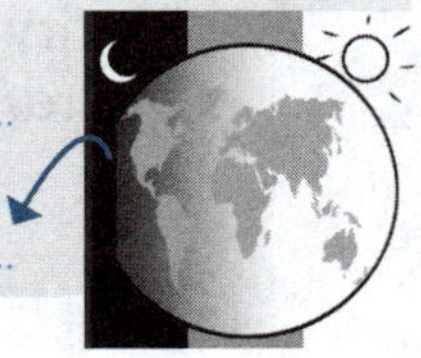

## Grammar Memo

- Pour qualifier quelqu'un ou quelque chose, j'utilise ..............................
- Pour parler de ce que quelqu'un possède, j'utilise ..............................
- Pour parler de mes goûts, j'utilise .................. + .................. ou ..................

# Use what you know

→ Manuel p. 18

## 6 Speak in pairs

**You work for *The New Yorker*. Interview a new star. Prepare your questions. Then take notes during the interview.**

| | Questions | Notes |
|---|---|---|
| **Identity**<br>• name<br>• age<br>• nationality | ..........?<br>..........?<br>..........? | ..........<br>..........<br>.......... |
| **Family** | ..........?<br>..........? | ..........<br>.......... |
| **Lives in...**<br>• country<br>• city<br>• house/hotel... | ..........?<br>..........?<br>..........? | ..........<br>..........<br>.......... |
| ..........<br>.......... | ..........?<br>..........? | ..........<br>.......... |

## 7 YOUR TASK

**Pupil A prepares questions. Pupil B imagines an identity, the objects in his possession and speaks about his hobbies.**

| | Pupil A is the security officer. | Pupil B is the passenger. |
|---|---|---|
| • Identity<br>• ID card/ passport | ..........<br>..........?<br>..........<br>..........? | ..........<br>..........<br>..........<br>.......... |
| • Jewels | ..........? | .......... |
| • Dangerous object | ..........? | .......... |
| • Electronics | ..........? | .......... |
| • Pets | ..........? | .......... |
| • Others | ..........? | .......... |

# Homework

**Exercice 1**

**Sue arrive à New York. Regarde l'image et retrouve les questions qu'elle pose à son correspondant Jim.**

1. ........................................................................?
2. ........................................................................?
3. ........................................................................?
4. ........................................................................?

**Exercice 2**

**Regarde l'arbre généalogique et corrige les phrases suivantes.**

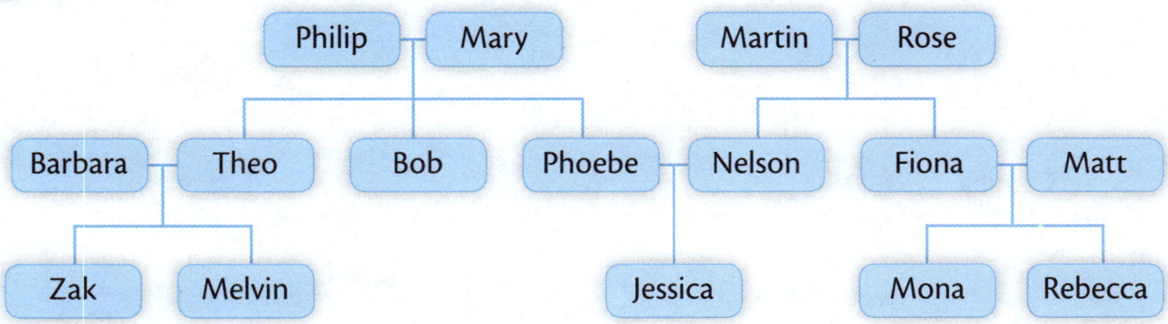


1. Melvin is Bob's grandson.

.............................................................................................................

2. Theo is Phoebe's husband.

.............................................................................................................

3. Rebecca is Jessica's niece.

.............................................................................................................

4. Jessica is Martin's grandmother.

.............................................................................................................

5. Nelson is Zak's cousin.

.............................................................................................................

**Exercice 3**

**Invente le personnage d'un jeu vidéo. Parle de sa famille, de ses goûts et de ses activités.**

.............................................................................................................

.............................................................................................................

.............................................................................................................

.............................................................................................................

# Quick check

CD CLASSE

→ Manuel p. 17

**1** **Écoute et repère qui sont les personnages et où la scène se passe.**

| Who? | Where? |
| --- | --- |
| ........................ | ........................ |
| ........................ | ........................ |
| ........................ | ........................ |

☐ **Je sais déterminer qui parle et où la scène se passe.**

**2** **Écoute et complète l'arbre généalogique de cette famille avec les prénoms :**

Sylvester · Benjamin · Mark · Andy · Claire · Gabriel · Christel

☐ **Je sais repérer les liens de parenté et compléter un arbre généalogique.**

**3** **Lis la carte postale et dis si les affirmations sont vraies ou fausses.**
**Justifie ta réponse en recopiant le passage de la carte postale qui le prouve.**

*Hi! I'm Andrew, your new pen pal. I'm Canadian but I live in Manhattan. I'm an only child. I live with my mother. I don't have lots of friends. I hate playing football. I prefer staying at home. My best friend is my cousin Harry. Are you an only child? Where do you live? Who do you live with?*

*Write back soon, Andrew*

| | vrai | faux | |
| --- | --- | --- | --- |
| **a.** Andrew is American. | ☐ | ☐ | ........................ |
| **b.** He doesn't have any brothers or sisters. | ☐ | ☐ | ........................ |
| **c.** He lives with his parents. | ☐ | ☐ | ........................ |
| **d.** He loves going out. | ☐ | ☐ | ........................ |
| **e.** He doesn't have a cousin. | ☐ | ☐ | ........................ |

☐ **Je sais repérer des informations sur une personne dans une carte postale.**

Part 1

Unit 2

# Let's visit Manhattan!

## Discover

Manuel p. 22

### Wordgym

**a Match the verbs with the city places.**

walk — buy — take the subway — watch — jog

1. a park

2. a movie theatre

3. a store

4. a subway station

**b Now make sentences.**

1. In a ........................................ you can ........................................
2. In a ........................................ you can ........................................
3. In a ........................................ you can ........................................
4. In a ........................................ you can ........................................

### 2 Listen and take notes.

CD CLASSE

**a Discover the situation.**

- Who? ........................................
- Where? ........................................
- Why? ........................................

**b Take notes about his wife.**

♥ ........................................

✗ ........................................

- Hobbies : ........................................

# Listen and speak

CD ÉLÈVE PISTE 3 → Manuel p. 23

**4** **a Look at the map, listen and find out who wants to go where.**
**Say why he/she wants to visit this place.**

**Tom**

Place: ..........................................................
Why? ..........................................................
..........................................................
Your clues: ..........................................................
..........................................................

**Mr Williams**

Place: ..........................................................
Why? ..........................................................
..........................................................
Your clues: ..........................................................
..........................................................

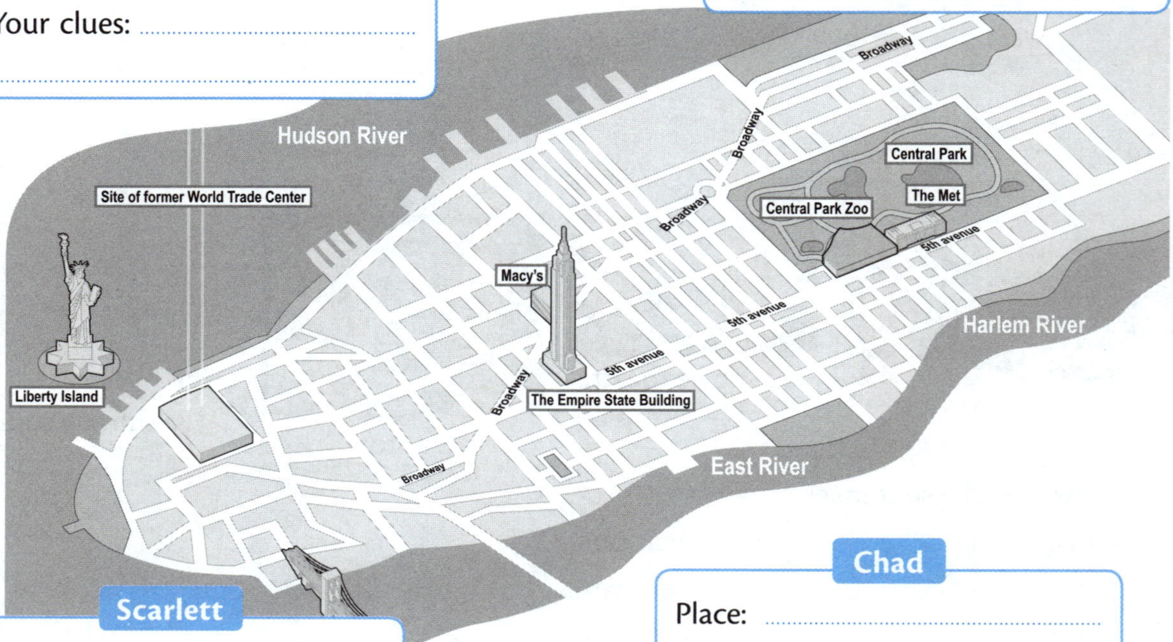


**Scarlett**

Place: ..........................................................
Why? ..........................................................
..........................................................
Your clues: ..........................................................
..........................................................

**Chad**

Place: ..........................................................
..........................................................
Why? ..........................................................
..........................................................
Your clues: ..........................................................
..........................................................

## My tactics

Quels types de mots as-tu repérés pour comprendre globalement la conversation ?

..........................................................

**b Listen again and find out the itinerary. Draw it on the map.**
**What means of transport can they use?**

..........................................................

**c Two characters are mentioned. Say who they are. Then listen again and find information about them. Write down your clues.**

| | Imagine | Listen again and write down your clues |
|---|---|---|
| **Character 1** | | |
| Name | ..................? ..................? | .................................................. |
| Other information | ..................? ..................? | .................................................. |
| **Character 2** | | |
| Name | ..................? ..................? | .................................................. |
| Other information | ..................? ..................? | .................................................. |

**d Listen again and concentrate on the kids' project. Take notes.**

..........................................................................................................

**e Imagine a title for the story.**

..........................................................................................................

**Store up your vocabulary**

**1. Regarde les images et note deux expressions apprises dans la conversation.**

..........................................................................

..........................................................................

**2. Comment dis-tu ?** Dommage : .............................. Ne t'inquiète pas ! : ..............................

## Grammar Memo

**a Observe les phrases et dis si elles sont affirmatives, négatives ou interrogatives.**

| | | | |
|---|---|---|---|
| **1.** *I love skyscrapers.* | ☐ | ☐ | ☐ |
| **2.** *Do you want to visit the Met?* | ☐ | ☐ | ☐ |
| **3.** *She dances hip hop.* | ☐ | ☐ | ☐ |
| **4.** *She doesn't live in London.* | ☐ | ☐ | ☐ |

**b Que peux-tu en déduire ?**

- Que remarques-tu à la forme affirmative ? Le verbe se termine par .................. à la troisième personne du singulier.
- Que remarques-tu aux formes négative et interrogative ? On utilise l'auxiliaire .................. C'est .................. qui porte la marque du présent à la troisième personne du singulier.

# Use what you know

→ Manuel p. 24

## 6 Speak for a minute

**Listen to the song and tick the places mentioned. Then listen again and number them in a chronological order.**

CD CLASSE

| | |
|---|---|
| ☐ ........ Miss Liberty | ☐ ........ Broadway |
| ☐ ........ Times Square | ☐ ........ Central Park |
| ☐ ........ Ground Zero | ☐ ........ The Met |
| ☐ ........ Zoo | ☐ ........ Fifth Avenue |

## 7 YOUR TASK

**1 Get information about the two cities.**

**Top 3 things to do in Miami**

- Visit the zoo
- Enjoy the seaquarium
- Go to the beaches

**Top 3 things to do in Washington DC**

- Visit the Capitol and the White House
- See a show at the Kennedy Center
- Discover the national Air and Space Museum

**2 Ask questions to 4 classmates and fill in the grid.**

| **Names** | .................... | | .................... | | .................... | | .................... | |
|---|---|---|---|---|---|---|---|---|
| **Hobbies:** | ♥ | ~~♥~~ | ♥ | ~~♥~~ | ♥ | ~~♥~~ | ♥ | ~~♥~~ |
| - visiting museums | ☐ | ☐ | ☐ | ☐ | ☐ | ☐ | ☐ | ☐ |
| - visiting monuments | ☐ | ☐ | ☐ | ☐ | ☐ | ☐ | ☐ | ☐ |
| - going to a show | ☐ | ☐ | ☐ | ☐ | ☐ | ☐ | ☐ | ☐ |
| - swimming | ☐ | ☐ | ☐ | ☐ | ☐ | ☐ | ☐ | ☐ |
| - surfing | ☐ | ☐ | ☐ | ☐ | ☐ | ☐ | ☐ | ☐ |
| - rollerblading | ☐ | ☐ | ☐ | ☐ | ☐ | ☐ | ☐ | ☐ |
| - discovering exotic animals | ☐ | ☐ | ☐ | ☐ | ☐ | ☐ | ☐ | ☐ |

**Now conclude:** the group likes ....................................................................................................

So they want ..........................................................................................................................

# Homework

**Exercice 1**

**Décris les images en utilisant *There is / There are*. Tu peux utiliser les prépositions : *near, opposite, on, far from, behind, in* pour donner des précisions.**

a

b

- ..................................................
- ..................................................
- ..................................................
- ..................................................

**Exercice 2**

**Tu veux offrir un cadeau à ton/ta meilleur(e) ami(e). Pose au moins quatre questions à son frère ou sa sœur pour savoir ce qu'il/elle aime.**

1. ..................................................?
2. ..................................................?
3. ..................................................?
4. ..................................................?

**Exercice 3**

**Écris un paragraphe sur ce chanteur à partir des informations données.**

Name: Bieber

First name: Justin

Born in: 1994, Stratford, Ontario, Canada.

Family: mother: Pattie Malette

♥ ♥ music ♥ video games ✗ Paparazzi

..................................................

..................................................

..................................................

..................................................

..................................................

..................................................

# Quick check

CD CLASSE → Manuel p. 23

## 1 Écoute et repère ce que chaque membre de la famille veut faire.

| | | | |
|---|---|---|---|
| • Who? | ........................ | ........................ | ........................ |
| • What do they want to do ? | ........................ | ........................ | ........................ |
| ♥ / ✗♥ | ........................ | ........................ | ........................ |

☐ Je sais repérer ce que des personnes aiment et veulent faire.

## 2 Prépare un sondage pour savoir si les New-Yorkais aiment leur ville et ce qu'ils aiment y faire. Pose des questions.

**Question 1:** buildings ........................................................?

**Question 2:** attractions ........................................................?

**Question 3:** shopping ........................................................?

**Question 4:** transport ........................................................?

☐ Je sais poser des questions sur les goûts.

## 3 Imagine que tu es en visite à New York avec ta famille. Écris une carte postale à un ami anglais pour décrire la ville, dire ce que vous voulez faire et donner tes premières impressions.

........................................

........................................

........................................

........................................

........................................

☐ Je sais décrire un lieu, parler de mes projets de visite et de mes goûts.

# Part 1

## Using new words

→ Tous les mots recherchés sont dans *My words* p. 22.

### 1 Trouve les mots correspondant aux définitions suivantes :

**1.** He is your brother's son. ..........................................

**2.** The feeling of being tired after a long plane journey if there is a big difference in the time at the place you leave and the place you arrive in. ..........................................

**3.** A place where you can buy books. ..........................................

**4.** The opposite of love. ..........................................

**5.** People take it when they go up a building. ..........................................

### 2 Retrouve l'élément manquant dans les noms composés suivants :

**1.** a .................... office **2.** a ....................scraper **3.** an .................... rink **4.** a ....................shop

### 3 Pour chacun des quatre mots ci-dessous, trouve des mots qui ont un lien avec eux :

Ex. : *bakery = bread, cakes, go shopping, buy*

**1.** airport = ..........................................

**2.** family = ..........................................

**3.** a building = ..........................................

**4.** hobbies = ..........................................

### 4 Que dirais-tu dans les circonstances suivantes ?

**1.** We're late! ..........................................!

**2.** Let's buy some food: I'm ..........................................

**3.** We don't have time to visit the Statue. ..........................................!

**4.** Scarlett is so happy to see her father again. She .......................................... him!

# Part 1

# My words

## Les verbes

**buy :** acheter
**come from :** venir de
**hate :** détester
**like :** aimer
**live :** vivre, habiter
**walk :** marcher
**want :** vouloir
**welcome :** accueillir

## Les adjectifs

**Chinese :** chinois(e)
**hungry :** affamé(e)
**Irish :** irlandais(e)
**late :** en retard
**Mexican :** mexicain(e)
**Spanish :** espagnol(e)
**tired :** fatigué(e)

## Les noms

**an airport :** un aéroport
**arrivals :** les arrivées
**an aunt :** une tante
**a bakery :** une boulangerie
**a bookshop :** une librairie
**a building :** un bâtiment
**a child :** un(e) enfant **children :** des enfants
**a cinema (UK) / a theatre (US) :** un cinéma
**cooking :** la cuisine
**a daughter :** une fille
**departures :** les départs
**a flat (UK) / an apartment (US) :** un appartement
**a flight :** un vol
**a floor (UK) / a storey (US) :** un étage
**a granddaughter :** une petite-fille
**grandparents :** des grands-parents
**a grandson :** un petit-fils
**a husband :** un mari
**an ice-rink :** une patinoire
**the jetlag :** le décalage horaire
**a lift (UK) / an elevator (US) :** un ascenseur
**a nephew :** un neveu
**a niece :** une nièce
**a plane :** un avion
**a post office :** un bureau de poste
**a shop (UK) / a store (US) :** un magasin
**a skyscraper :** un gratte-ciel
**a son :** un fils
**a station :** une gare
**a taxi, a cab :** un taxi
**a town, a city :** une ville
**a travel agency :** une agence de voyage
**an uncle :** un oncle
**the Underground (UK) / the Subway (US) :** le métro
**a wife :** une femme (épouse)

## Les mots interrogatifs

**how?** comment ?
**what?** que, quoi ?
**where?** où ?
**why?** pourquoi ?
**how many?** combien ?
**when?** quand ?
**who?** qui ?

## Les prépositions

**behind :** derrière
**near :** près de
**far from :** loin de
**opposite :** en face de

## Les expressions

**I missed you :** Tu m'as manqué
**Hurry up!** Dépêche-toi !
**Nice to meet you!** Enchanté(e) !
**Too bad!** Dommage !

### Maintenant je connais :

| | ☹ | 😐 | ☺ |
|---|---|---|---|
| → des expressions pour présenter ma famille | ☐ | ☐ | ☐ |
| → dire ce que j'aime ou ce que je n'aime pas faire | ☐ | ☐ | ☐ |
| → le lexique pour situer les choses dans la ville | ☐ | ☐ | ☐ |

# Part 2 Going to Mississippi

## Build up and organize your vocabulary

→ Find help p. 37

### ACTION VERBS

- run
- ..........
- ..........
- ..........
- ..........
- ..........
- ..........

### WILD ANIMALS

- an alligator
- ..........
- ..........
- ..........
- ..........
- ..........
- ..........

### Going to Mississippi

### NATURE

- a tree
- ..........
- ..........
- ..........
- ..........
- ..........
- ..........

### BODY PARTS

- a head
- ..........
- ..........
- ..........
- ..........
- ..........
- ..........

### EMOTIONS

- happy
- ..........
- ..........
- ..........
- ..........
- ..........
- ..........

Part 2

# Unit 3 Fishing down the river

## Discover

Manuel p. 34

### Wordgym

CD CLASSE

**a** **Listen and repeat the verbs.**

jump | run | swim | fly | walk

**b** **Listen to the noises and write the verbs under the corresponding pictures.**

............ ............ ............ ............ ............

**2** **Listen to the conversation and fill in the following grid.** CD CLASSE

| | Who? | Where? | Problems / Actions? |
|---|---|---|---|
| Character 1 | | | |
| Character 2 | | | |
| Character 3 | | | |
| Animal(s) | | | |

# Listen and speak

CD ÉLÈVE PISTE 5 → Manuel p. 35

**4** **a** **Look at the first picture in your book p. 35 and guess who's who. Then listen, take notes and check your answers.**

| Look and imagine | Listen and take notes |
|---|---|
| Names<br>• ........................? • ........................?<br>• ........................? • ........................? | ........................<br>........................ |
| Relationship<br>• ........................? • ........................? | ........................ |

• **Now recap and present the characters.**

........................................................................

........................................................................

**b** **Look at pictures 1, 2 and 3 and listen to the characters. Say how they feel and why.**

| | Feelings? | Who? | Why? |
|---|---|---|---|
|  | ............ | ............<br>............ | ........................<br>........................ |
|  | ............ | ............<br>............ | ........................<br>........................ |
|  | ............ | ............<br>............ | ........................<br>........................ |
|  | ............ | ............<br>............ | ........................<br>........................ |
|  | ............ | ............<br>............ | ........................<br>........................ |

• **Now use your notes to recap.**

........................................................................

........................................................................

**c Look at the last picture. Imagine what the characters can see. Then listen and check your answers (write the verbs you hear).**

| Look and imagine | Listen and take notes |
|---|---|
| • ........................................? | ........................................ |
| • ........................................? | ........................................ |

**Recap your answers and speak about what is happening.**

........................................................................................................

**d Imagine a fifth picture for the end of the story and describe it (Who? Where? What? Feelings?).**

........................................................................................................

........................................................................................................

........................................................................................................

........................................................................................................

**Store up your vocabulary**

**1. Note l'expression que Scarlett utilise pour saluer ses cousins.**

........................................................................................................

**2. Que dit Grandma Louise pour rassurer les enfants ?**

........................................................................................................

## Grammar Memo

Pour parler de ce que quelqu'un est en train de faire, j'emploie l'auxiliaire ........................ suivi de la base verbale terminée par ........................ .

*Ex: sing*

- Phrase affirmative : I ........................................ .
- Phrase négative : He ........................................ .
- Phrase interrogative : ........................ you ........................................?

# Use what you know

→ Manuel p. 36

## 5 Speak for a minute

**b Look at the picture in your book p. 36 and say which description it corresponds to.**

☐ Description 1 ☐ Description 2 ☐ Description 3

**Justify : write down the keywords (verbs).** ..........................................................

..........................................................

**c Look at the picture below. This is the situation a minute later. Describe it.**

## 7 YOUR TASK

**Play the TV quiz "*What's Happening?*"**

**1 Listen and complete the script. Then play "What's Happening?" with Kate and Patrick.**

**Host:** Good ..................., everyone! Let's play "...................?"... Kate, are you ready? Patrick? Ready to ...................? Sound number 1!

**Kate:** I think ..........................................................

**Host:** No, ..................., Kate! Patrick?

**Patrick:** I think ..........................................................

**Host:** That is correct! Two points for Patrick! Now let's play with the audience!

**Listen and guess what's happening!**

- **Sound number 2** ..........................................................
- **Sound number 3** ..........................................................
- **Sound number 4** ..........................................................
- **Sound number 5** ..........................................................

**2 Prepare your challenges. Write the verbs corresponding to the mimes and noises you want for the game.**

.................. .................. ..................

.................. .................. ..................

# Homework

## Exercice 1

**Regarde les dessins et associe-les aux phrases ci-dessous.**

a 
b 
c 
d 

1. She is reading in the garden. ..............
2. She's eating a bird. ..............
3. They are drinking champagne. ..............
4. They are running. ..............

## Exercice 2

**Complète le dialogue suivant en utilisant les verbes donnés entre parenthèses.**

**Josh:** Mum, mum… What .............................. you .............................. (do)?

**Mum:** I .............................. (watch) television. What's the problem?

**Josh:** Well, it's Parker, he .............................. (play) video games in my room!

**Parker:** No ..............................! I .............................. (listen) to music, mum!

**Mum:** Come down! Your dad .............................. (work) in the garden! Go and help him!

## Exercice 3

**Tu es à la fête d'anniversaire de Kevin. Tu envoies un SMS à un ami absent pour lui dire ce que John, Claire, Ben, Mary et Kevin sont en train de faire.**

# Quick check

CD CLASSE → Manuel p. 35

**1** **Écoute ces personnages et décris leurs émotions.**

a. He ..................
b. ..................
c. ..................
d. ..................
e. ..................

☐ Je sais identifier le ton d'une personne et en déduire ses émotions.

**2** **Écoute attentivement et complète les phrases suivantes en décrivant ce que chacun est en train de faire.**

a. Peter ..................
b. Sophie and Jake ..................
c. Lucy ..................
d. Harry and Parker ..................

☐ Je sais identifier ce que quelqu'un est en train de faire.

**3** **Lis le texte et dessine dans l'image l'objet qui manque à chaque personnage pour accomplir l'action décrite.**

Paul, Steven and Jack are in a boat. Paul is rowing. Steven is looking with his binoculars. Jack is fishing with his fishing rod. Someone is riding a bicycle on the river bank.

☐ Je sais repérer dans un texte les actions en cours.

# Unit 4 A great time in Mississippi

## Discover

→ Manuel p. 40

### Wordgym

**Complete the drawing with the corresponding words.**

| |
|---|
| head |
| ear |
| eye |
| neck |
| paw |
| tail |
| back |
| belly |

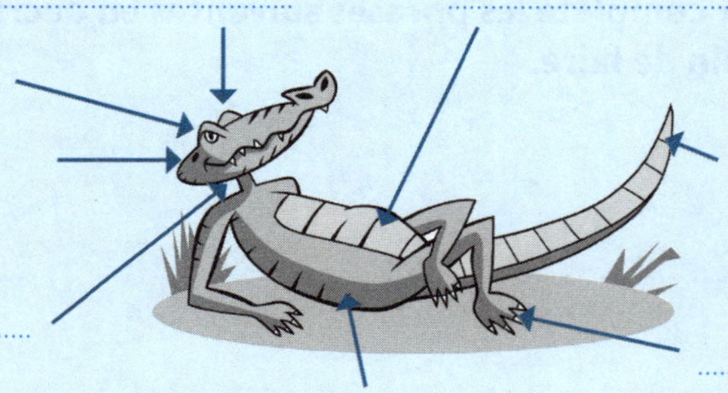

### 2 A walk in the Mississippi woods.

**a First, take notes:**

- Who? ........................................
- What can they see in the woods? ........................................
- Atmosphere? Use adjectives.

........................................

**b What suddenly happens? Tick the picture corresponding to the situation.**

☐ 

☐ 

☐ 

........................................

**c Explain the characters' reactions.**

Grandpa Joe ........................................

Stuart and Carry ........................................

# Read and speak

→ Manuel p. 41

**4** **a** **Look at the document in your book p. 41 and say what it is. Give your clues.**

- an e-mail ☐ ..................
- a chat conversation ☐ ..................
- a text message ☐ ..................

**Now recap! Present the document to the class. Justify your conclusion.**

..................

..................

**b** **Do you remember Unit 1, p. 17 of your book? Recap what you know about Marisa.**

..................

..................

**c** **Focus on Scarlett.**

**Where and why?**

..................

..................

..................

..................

**People mentioned and their relationships**

- .................. → ..................
- .................. → ..................
- .................. → ..................
- .................. → ..................

**Doing what? How?**

..................

..................

..................

..................

**Her usual activities in Mississippi**

- ..................
- ..................
- ..................
- ..................

**Now focus on Marisa.**

**Her successive reactions**

..................

..................

..................

..................

**Why?**

..................

..................

..................

..................

**d Why is Scarlett sending Marisa that photograph?**

Scarlett is sending Marisa a photograph of a ..............................

..............................

## My tactics

Utilise ce que tu sais de cet animal pour repérer l'information donnée par Scarlett à son sujet.

..............................

## Store up your vocabulary

**Note les expressions que Scarlett utilise pour :**

1. commencer la conversation.

..............................

2. terminer la conversation.

..............................

**Note l'expression que Marisa utilise pour demander des précisions, pour en savoir davantage.**

..............................

**Note les onomatopées qu'utilisent les deux personnages.**

..............................

..............................

## Grammar Memo

**Complète les phrases et retrouve des exemples dans le texte.**

1. Pour demander à qui appartient un objet, j'utilise le pronom interrogatif : ..............................

*Ex:* ..............................

..............................

2. Pour parler de la possession en anglais, j'utilise le marqueur de génitif : ..............................

*Ex:* ..............................

..............................

# Use what you know

→ Manuel p. 42

## 6 Write a few lines

**b Imagine a strange animal, draw it and write its description.**

a ……………………………
……………………'s head → ← ……………………………
← ……………………………

a ……………………………
……………………'s leg → ← ……………………………

My strange animal

My animal ……………………………………………………………………………………………
……………………………………………………………………………………………………………
……………………………………………………………………………………………………………
……………………………………………………………………………………………………………

## 7 YOUR TASK

**Role play: after a field trip to the *Mississippi Wildlife Park*, a teacher finds different things left on the bus.**
**He asks one of his pupils to help him find out whose they are.**

| Things left on the bus. | Children's names |
|---|---|
| A school bag | Laura |
| …………………………… | …………………………… |
| …………………………… | …………………………… |
| …………………………… | …………………………… |
| …………………………… | …………………………… |
| …………………………… | …………………………… |
| …………………………… | …………………………… |

## Homework

**Exercice 1**

**Traduis les phrases suivantes.**

1. Les dents d'un alligator sont énormes.

..............................................................................................................

2. Les amis de Paul mangent parfois avec sa sœur et lui.

..............................................................................................................

3. Notre chien est en train de manger le gâteau du voisin.

..............................................................................................................

4. À qui est ce téléphone portable ?

..............................................................................................................

5. À qui sont ces ordinateurs portables ?

..............................................................................................................

**Exercice 2**

**Complète la grille de mots croisés ci-dessous au sujet de la vie sauvage et la nature.**

### DOWN

1. There are a lot of them in a forest. They have a trunk, branches and leaves.
2. When this animal is scared, it smells terrible. It's black and white.
4. This animal has very dangerous teeth. There are a lot of them in the Mississippi River.

### ACROSS

3. This animal is very aggressive and some of them are poisonous.
5. They are necessary to fly.
6. They live in forests. They are large and beautiful animals with antlers.

# Quick check

→ Manuel p. 41

**1** **Lis ce texte, et dis de quel type de document il s'agit, qui l'a écrit et à qui il est adressé.**

..............................

..............................

..............................

..............................

..............................

..............................

..............................

From: joshua-perkins@yahoo.com
to: linda_harrison@gmail.com
Subject: some news

Hi there!
Hope you are doing fine! I am in Louisiana at the moment. The weather is so nice. I walk in the forest every day. It's so pleasant!
Hope you can come soon…
Your friend Josh

☐ **Je sais identifier la nature d'un document, son auteur et son destinataire.**

**2** **Regarde l'illustration. Rédige les questions à poser pour trouver à qui appartiennent ces objets. Puis écris les réponses.**

• .............................................................................................?
→ .............................................................................................

• .............................................................................................?
→ .............................................................................................

• .............................................................................................?
→ .............................................................................................

• .............................................................................................?
→ .............................................................................................

☐ **Je sais demander à qui appartient quelque chose et dire de qui il s'agit.**

**3** **Complète ces phrases avec les adjectifs possessifs qui conviennent.**

My name is James, and ............ sister's name is Liz. ............ parents don't let us go into the shed (abri de jardin), because that's where ............ father keeps ............ fishing rod, and where ............ mother keeps ............ rake (rateau). They love gardening with ............ friends. And you, what are ............ parents like?

☐ **Je sais repérer à qui appartient quelque chose grâce au contexte.**

# Part 2

## Using new words

→ Tous les mots recherchés sont dans *My words* p. 37.

**1 Donne les adjectifs que tu peux utiliser pour dire que quelque chose :**

1. est beau ……………………
2. est impressionnant ……………………
3. te fait peur ……………………
4. n'est pas dangereux ……………………

**2 Que dirais-tu dans les circonstances suivantes ?**

1. There is a problem, but you want to reassure your friend.

……………………

2. You must leave.

……………………

3. You say goodbye to your friends.

……………………

4. You're very happy to see someone.

……………………

5. You see something quite shocking.

……………………

**3 Pour chaque image, retrouve l'adjectif qui convient et relie-le à son contraire.**

…………… …………… …………… ……………

…………… …………… …………… ……………

# Part 2

# My words

## Les verbes

**bother** : embêter
**catch (caught) :** attraper
**come (came) :** venir
**dance :** danser
**fall (fell) :** tomber
**fight (fought) :** se battre
**go fishing (went fishing) :** aller à la pêche
**have fun (had fun) :** bien s'amuser
**jump :** sauter
**look (at) :** regarder
**pinch :** pincer
**scream :** crier
**send (sent) :** envoyer
**sing (sang) :** chanter

## Les adjectifs

**amazing :** impressionnant(e)
**angry :** en colère
**bad :** mauvais(e)
**beautiful :** beau, belle
**brand new :** toute neuf(ve)
**dangerous :** dangereux(se)
**excited :** excité(e), enthousiaste
**funny :** drôle
**good :** bien
**gorgeous :** superbe
**impressed :** impressionné(e)
**impressive :** impressionnant(e)
**incredible :** incroyable
**mad :** en colère / fou, folle
**nice :** gentil(le), beau, belle
**pleasant :** agréable, plaisant(e)
**sad :** triste
**safe :** en sécurité / sans danger
**scared :** effrayé(e)
**scary :** effrayant(e)
**small :** petit(e)
**southern :** du sud
**tall :** grand(e)
**ugly :** laid(e)
**wonderful :** merveilleux(se)

## Les noms

**an alligator :** un alligator
**binoculars :** des jumelles
**a bird :** un oiseau
**a deer (pl. deer) :** un cerf
**a fishing rod :** une canne à pêche
**a head :** une tête
**a paw :** une patte
**a river :** un fleuve / une rivière
**a snake :** un serpent
**South :** le sud
**a steamboat :** un bateau à vapeur
**a tail :** une queue
**a tooth (pl. teeth) :** une dent
**a wing :** une aile

## Les expressions

**Don't worry!** Ne t'en fais pas !
**It's so nice to see you!** C'est un plaisir de vous voir !
**Oh my god!** Oh mon dieu ! (je n'en crois pas mes yeux)
**I gotta go! (US)** Je dois filer !
**See you soon!** À bientôt !

### Maintenant je connais :

| | ☹ | 😐 | ☺ |
|---|---|---|---|
| → le lexique pour parler des parties du corps | ☐ | ☐ | ☐ |
| → le nom des animaux sauvages | ☐ | ☐ | ☐ |
| → les verbes d'action | ☐ | ☐ | ☐ |
| → les adjectifs pour décrire un paysage | ☐ | ☐ | ☐ |

# Part 3 Animal action

## Build up and organize your vocabulary

→ Find help p. 52

**PETS**
- a kitten
- ..........
- ..........
- ..........
- ..........
- ..........
- ..........

**PERSONALITY**
- talkative
- ..........
- ..........
- ..........
- ..........
- ..........
- ..........

**MORE WORDS ABOUT ANIMALS**
- a vet
- ..........
- ..........
- ..........
- ..........
- ..........
- ..........

**Animal action**

**PET FOOD**
- bird seeds
- ..........
- ..........
- ..........
- ..........
- ..........
- ..........

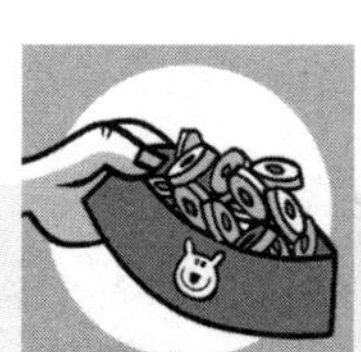

**ACTIONS**
- feed
- ..........
- ..........
- ..........
- ..........
- ..........
- ..........

Part 3

# Unit 5 A new friend!

## Discover

→ Manuel p. 52

### Wordgym

CD CLASSE

**Listen and write the names of the animals under the corresponding picture.**

a bird | a tortoise | a snake | a horse | a fish

.............................. .............................. .............................. .............................. ..............................

**2** **Listen to the interview and tick the right answer in the grid.** CD CLASSE

| | Sissy | | | | Alfa and Omega | | | |
|---|---|---|---|---|---|---|---|---|
| |  |  |  |  |  |  |  |  |
| meat with pasta | ☐ | ☐ | ☐ | ☐ | ☐ | ☐ | ☐ | ☐ |
| potatoes | ☐ | ☐ | ☐ | ☐ | ☐ | ☐ | ☐ | ☐ |
| water | ☐ | ☐ | ☐ | ☐ | ☐ | ☐ | ☐ | ☐ |
| fruit | ☐ | ☐ | ☐ | ☐ | ☐ | ☐ | ☐ | ☐ |
| seeds | ☐ | ☐ | ☐ | ☐ | ☐ | ☐ | ☐ | ☐ |
| carrots | ☐ | ☐ | ☐ | ☐ | ☐ | ☐ | ☐ | ☐ |
| eggs | ☐ | ☐ | ☐ | ☐ | ☐ | ☐ | ☐ | ☐ |

**Now say what you know about Sissy's and Alfa and Omega's eating habits.**

..........................................................................................................................................

..........................................................................................................................................

# Listen and speak

CD ÉLÈVE PISTE 7 → Manuel p. 53

**4** **a** **Look at the first two pictures in your book p. 53 and find out information about the characters and location.**

| Look and react | Listen and check your answers |
|---|---|
| Who? ........................ | ........................ |
| ........................ | ........................ |
| Where? ........................ | ........................ |

• **Now recap!** ........................................................

........................................................

**b** **Which picture corresponds to Tom's situation? Make a guess then listen to check your answer.**

a ☐

b ☐

• **Recap:** Tom is ........................ because ........................

**c** **Imagine the questions the children ask Linda, then listen and check your answers.**

| Imagine Tom's questions | Listen and check |
|---|---|
| ........................ | ........................ |
| ........................ | ........................ |

**d** **Imagine Linda's answers, then listen and check your answers.**

| Imagine Linda's answers | Listen and check |
|---|---|
| ........................ | ........................ |
| ........................ | ........................ |

**e** **Listen and find information about these animals.**

**Alfie**

- Routine: ........................................................

........................................................

- Personality: ........................................................

........................................................

**Chester**

- Routine: ........................................................................

........................................................................

- Personality: ........................................................................

........................................................................

**Clues:** ........................................................................

**Now recap!** ........................................................................

........................................................................

**f Listen and focus on Chad's, Linda's and Tom's reactions at the end of the story.**

I think Chad is .............................. because ..............................

I think Tom and Linda are .............................. because ..............................

........................................................................

**My tactics**

**Note les éléments qui t'ont permis de mieux comprendre la personnalité des personnages (humains, animaux...).**

........................................................................

........................................................................

**g Imagine a title for this story.**

........................................................................

**Store up your vocabulary**

**Note les adjectifs qui expriment la personnalité des animaux.**

........................................................................

## Grammar Memo

1. Pour parler de ce que quelqu'un fait **toujours**, j'emploie l'adverbe : ..............................
2. Pour parler de ce qu'il fait **souvent**, j'emploie l'adverbe : ..............................
3. Pour parler de ce qu'il fait **parfois**, j'emploie l'adverbe : ..............................
4. Pour parler de ce qu'il ne fait **jamais**, j'emploie l'adverbe : ..............................

⚠ Les adverbes de fréquence se placent .............................. le verbe lexical mais se placent .............................. le verbe ***be***.

# Use what you know

→ Manuel p. 54

## 6 Speak in pairs

**You are at the animal shelter to adopt a pet. Fill in the grid to prepare your questions. Then take notes.**

| | You want to adopt a pet. | The employee's answers. |
|---|---|---|
| • Which animal?<br>• Name<br>• Age<br>• Personality | ............?<br>............?<br>............?<br>............? | ............<br>............<br>............<br>............ |
| • Eating habits | ............<br>............? | ............<br>............ |
| • Routine | ............<br>............? | ............<br>............ |

## 7 YOUR TASK

**Fill in the grid to prepare your article.**

| Title of the article | |
|---|---|
| ............ | |
| **About the pet** | |
| • Which animal? (name, age…) | ............<br>............ |
| • Physical characteristics | ............ |
| • Personality | ............ |
| • Eating habits | ............ |
| • Routine | ............ |
| • Other details | ............ |

# Homework

**Exercice 1**

**Complète les phrases suivantes à l'aide de *some, any* et *no*.**

1. There aren't .............................. rats in the shelter but there are .............................. hamsters.
2. There's .............................. dog food left for Harry! I must go and buy .............................. .
3. .............................. orange juice for my cat! It's really bad for her.
4. Are there .............................. bird seeds left? My parrot is very hungry.
5. The guinea-pig's bowl is empty. Can I give it .............................. water?

**Exercice 2**

**Pour chaque image, décris en une phrase ce que fait Gary au quotidien en utilisant l'adverbe de fréquence proposé.**

always

never

sometimes

usually

often

1. Gary ..............................................................................................................
2. ..............................................................................................................
3. ..............................................................................................................
4. ..............................................................................................................
5. ..............................................................................................................

**Exercice 3**

**Mrs Barker souhaite adopter un hamster pour sa fille. Complète sa conversation avec l'employé d'un refuge.**

**The employee:** So you want to adopt a hamster? I've got a beautiful one.

**Mrs Barker:** ..............................................................................................................?

**The employee:** It's Dolly.

**Mrs Barker:** ..............................................................................................................?

**The employee:** It's four months old.

**Mrs Barker:** ..............................................................................................................?

**The employee:** It's always very quiet, but it's very funny.

**Mrs Barker:** ..............................................................................................................?

**The employee:** It usually eats grains.

**Mrs Barker:** Great! I want to adopt it!

# Quick check

CD CLASSE → Manuel p. 53

## 1 Écoute et relie les phrases que tu entends aux images correspondantes.

Phrase 1 Phrase 2 Phrase 3 Phrase 4

☐ Je comprends des informations sur les habitudes des animaux.

## 2 Lis ce texte et retrouve les informations sur les différents personnages.

**Working in a shelter**

Hi, I'm Sean Edwards. I'm an animal care assistant. I usually feed the animals and I often play with them. I love my job at the shelter. There is also Peter Lewis. He takes the dogs to the park twice a week. He sometimes cleans or repairs their cages. Shelley Parker is our vet. She usually comes to the shelter on Mondays and Fridays. She examines the animals and also gives them medicine.

| Name? | Job? | Activities? | How often? |
| --- | --- | --- | --- |
| | | | |
| | a dog walker | | |
| | | | |

☐ Je comprends les énoncés sur les habitudes des personnes.

## 3 Tu veux adopter un animal dans un refuge. Envoie un mail pour donner les caractéristiques de l'animal que tu cherches (description, habitudes...).

☐ Je sais rédiger un paragraphe sur un animal.

Part 3

# Unit 6 Lost and found

## Discover

→ Manuel p. 58

### Wordgym

CD CLASSE

**Listen and repeat the verbs, then write them down under the right picture.**

bite | take the dog to the vet's | bark | jump | lick one's face

**2 Listen to the conversation between Mrs Webster and Dr Fielding and take notes.**

CD CLASSE

- Mrs Webster's guinea-pig ........................................

- The vet recommends ........................................

**Now recap:** ........................................

# Listen and speak

CD ÉLÈVE PISTE 8 → Manuel p. 59

**4** **a** **Look at the first picture page 59. Write down three questions you'd like to ask about the characters (animal, people...) and the scene.**

| Your questions | Listen and find possible answers |
| --- | --- |
| • ........................ | ........................ |
| • ........................ | ........................ |
| • ........................ | ........................ |

**b** **Who can you hear and isn't in the picture?**

☐ Mr Spencer ☐ Mrs Spencer ☐ Scarlett

**c** **Listen and pay attention to Mrs Spencer. Tick the pictures corresponding to her recommendations.**

☐

☐

☐

**d** **Look at the second picture. Imagine what the characters want and don't want. Listen and check.**

## My tactics

Quels éléments de la seconde image te permettent de déduire si les personnages sont d'accord entre eux ou pas ? ........................

- I think the kids ........................
- I think Mrs Spencer ........................

**e** **Look at the third picture. Imagine you're Tom. List the information you can give the RSPCA employee.**

........................

........................

........................

**f Now imagine you're Mr Bond, the employee.
Listen and complete the identity card for the dog.**

## MISSING

Tattoo ..........

Description ..........

Type of dog ..........

Name ..........

Reward? ☐ No ☐ Yes How much? ..........

**g Look at the last picture. Write about Mrs Spencer's and Tom's feelings.
Justify your answer.**

| | Mrs Spencer | Tom |
|---|---|---|
| Reactions | .......... | .......... |
| Why? | .......... .......... | .......... .......... |

**Store up your vocabulary**

**Note deux expressions utiles dans une conversation téléphonique et donne leur équivalent en français.**

**1.** .......... → ..........

**2.** .......... → ..........

## Grammar Memo

**Observe bien les phrases suivantes puis réponds aux questions.**

**1.** *Tiger is furious. Tiger is going to attack the dog.*
**2.** *No, I'm not going to keep him.*
**3.** *Listen! A dog is barking in the garden.*

- Quelles phrases indiquent des intentions ? ..........
- Quelle phrase indique une action en cours ? ..........
- Que remarques-tu sur leur forme verbale ? ..........
- Que peux-tu en conclure ? Pour exprimer mes intentions ou déduire ce qui va se passer, j'utilise .......... + .......... *to* + ..........

# Use what you know

→ Manuel p. 60

## 6 Speak in pairs

**You plan to volunteer next weekend in an RSPCA shelter with your friend.**

| | Prepare your questions. | Write down your friend's answer. |
|---|---|---|
| 9 am – 12 am | | |
| 12 am – 1 pm | | |
| 2 pm – 5 pm | | |

## 7 YOUR TASK

**Prepare your phone call.**

**2 • Pupil A completes his / her pet's identity card and asks for help.**

| | |
|---|---|
| Pet | |
| Name | |
| Age | |
| Characteristics | |

• Can you help

**3 Pupil B prepares recommendations about his / her friend's pet.**

| | You must and mustn't |
|---|---|
|  food? | • <br> • |
| 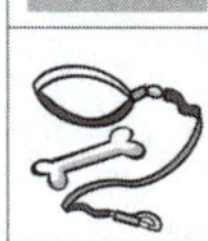 activities? | • <br> • |
|  sleep? | • <br> • |
| | • |

# Homework

**Exercice 1**

**Parle de ce qui va se produire ou non à partir des situations suivantes. Utilise les verbes suivants :**

1. This cat is very thirsty. I .................................................... (*give*)
2. Look! This dog is very friendly. He .................................................... (*bite*)
3. Tom and Zoe are very disappointed. They .................................................... (*adopt*)
4. My friend's got a new pet. He .................................................... (*take care of*)
5. My parrot is hungry. I .................................................... (*feed*)

**Exercice 2**

**Lis la note que t'a laissée ton voisin avant de partir en vacances et écris ce que tu dois faire et ne pas faire.**

✔ feed the dog ....................................

✔ take him for a walk ....................................

✘ leave him alone ....................................

✔ keep him on a lead ....................................

✘ give him chocolate ....................................

**Exercice 3**

**Complète les indications d'après les dessins figurant sur les panneaux.**

1. You ....................................................

2. You ....................................................

3. You ....................................................

4. You ....................................................

# Quick check

→ Manuel p. 59

**1** **Lis cette lettre de Suzy à sa grand-mère et complète les fiches ci-dessous.**

Animal ..........
Nom ..........
Âge ..........
Description physique ..........
..........

Dear grandma,
I've got a new kitten. Her name's Bella. She's white with a small black nose. She's only two months old. You always say that having a pet is a great responsibility but I'm really going to take care of her. Don't worry! I know I must feed her every day and I must protect her. First, I'm going to buy her a comfortable basket. I promise she isn't going to sleep on my bed!
Love, Suzy XXX

**Ce que Suzy doit faire**

..........
..........

**Ce que Suzy à l'intention de faire**

..........
..........

☐ **Je comprends quelqu'un qui parle de ses intentions et de ses obligations.**

**2** **Écoute la conversation téléphonique et dis si ces affirmations sont vraies ou fausses. Justifie ta réponse.**

| | Vrai | Faux | Justifie ta réponse |
|---|---|---|---|
| **1.** Il y a un cheval dans le jardin d'Audrey. | ☐ | ☐ | .......... |
| **2.** Mark a l'intention de donner à manger au cheval. | ☐ | ☐ | .......... |
| **3.** Mark a un très grand jardin. | ☐ | ☐ | .......... |
| **4.** Audrey pense que le cheval s'est perdu. | ☐ | ☐ | .......... |
| **5.** Mark sait monter à cheval. | ☐ | ☐ | .......... |

☐ **Je comprends une conversation téléphonique.**

# Part 3

## Using new words

→ Tous les mots recherchés sont dans *My words* p. 52.

**1 Associe chaque adjectif à son contraire.**

noisy | aggressive | lazy | cute | quiet | energetic | friendly | ugly

- .................... ≠ ....................
- .................... ≠ ....................
- .................... ≠ ....................
- .................... ≠ ....................

**2 Lis la définition et complète avec l'adjectif qui convient.**

1. Someone who doesn't like working is ............................................................
2. Someone who eats a lot is ............................................................
3. Someone who jumps everywhere is very ............................................................
4. Someone who talks a lot is ............................................................

**3 Relie chaque verbe à un complément.**

| | |
|---|---|
| ask • | • after a pet |
| hold on • | • to the vet's |
| take • | • alone |
| leave • | • for help |
| clean up • | • of a pet |
| take care • | • a minute |

**4 Complète avec les mots manquants.**

# My words

## Les verbes

**adopt :** adopter
**abandon :** abandonner
**bark :** aboyer
**beat (beat) :** battre
**bite (bit) :** mordre
**check :** vérifier
**feed (fed) :** nourrir
**hide (hid) :** cacher
**jump :** sauter
**obey :** obéir
**pat :** caresser
**sleep (slept) :** dormir
**take care of (took) :** s'occuper de
**take to the vet's (took) :** emmener chez le vétérinaire
**walk the dog :** promener le chien

## Les noms

**a bird :** un oiseau
**a canary :** un canari
**a guinea-pig :** un cochon d'Inde
**a horse :** un cheval
**a kitten :** un chaton
**medicine :** médicaments
**a mouse :** une souris
**a parrot :** un perroquet
**a puppy :** un chiot
**a rabbit :** un lapin
**a reward :** une récompense
**a shelter :** un refuge
**a tattoo :** un tatouage
**a tortoise :** une tortue
**a volunteer :** un(e) volontaire

## Les adjectifs

**clever :** intelligent(e)
**curious :** curieux(se)
**cute :** mignon(ne)
**delighted :** ravi(e)
**disappointed :** déçu(e)
**energetic :** énergique
**friendly :** amical(e), sympa
**frightened :** effrayé(e)
**greedy :** gourmand(e)
**lazy :** paresseux(se)
**lost :** perdu(e)
**loving :** affectueux(se)
**noisy :** bruyant(e)
**quiet :** silencieux(se)
**shy :** timide
**silly :** idiot(e)
**talkative :** bavard(e)
**ugly :** laid(e)

## Les adverbes

**always :** toujours
**never :** (ne) jamais
**often :** souvent
**sometimes :** parfois
**usually :** habituellement

## Les expressions

**Can I help you?** Puis-je vous aider ?
**Hold on a minute please!** Un instant s'il vous plaît !
**Missing!** Disparu(e) !

### Maintenant je connais :

| | ☹ | 😐 | ☺ |
|---|---|---|---|
| → le lexique des animaux et des métiers liés aux animaux. | ☐ | ☐ | ☐ |
| → des adjectifs pour parler de la personnalité des animaux. | ☐ | ☐ | ☐ |
| → des verbes pour parler de leurs habitudes de vie. | ☐ | ☐ | ☐ |

# Part 4 Who saved the Queen?

## Build up and organize your vocabulary

→ Find help p. 67

**A NEWSPAPER**
- a headline
- ..........
- ..........
- ..........
- ..........
- ..........
- ..........

**JOBS**
- a reporter
- ..........
- ..........
- ..........
- ..........
- ..........
- ..........

**RADIO AND TV**
- a TV show
- ..........
- ..........
- ..........
- ..........
- ..........
- ..........

**Who saved the Queen?**

**DETECTIVE STORIES**
- a robber
- ..........
- ..........
- ..........
- ..........
- ..........

**ACTIONS**
- interview
- ..........
- ..........
- ..........
- ..........
- ..........
- ..........

Part 4

# Unit 7 Attack on Balmoral Castle

## Discover

→ Manuel p. 70

### Wordgym

CD CLASSE

**a** **Read the headlines and match them with the pictures.**

**b** **Listen and write the adjective corresponding to the situation:**

funny | scary | moving | sensational

1 TIGER ESCAPES FROM ZOO

2 MARK SLATER SURFS ON DOLPHINS!

3 ROYAL WEDDING DAY

4 CAT STOPS BURGLAR

a ..............................

b ..............................

c ..............................

d ..............................

**2** **Listen to the reporters' stories and take notes.** CD CLASSE

| | When ? | What happened ? | The editor's reaction |
|---|---|---|---|
| Story 1 | .................... | .................... | .................... |
| Story 2 | .................... | .................... | .................... |
| Story 3 | .................... | .................... | .................... |

# Read and speak

→ Manuel p. 71

**4** **a** **Look at the press article in your book p. 71 and find information.**

- Name of the newspaper: ..................................................
- Headline: ..................................................
- Name of the journalist: ..................................................
- Date: ..................................................

**b** **Now read the headline and look at the two photos. List the words you consider important and write a sentence to say what probably happened.**

| Important words | | What probably happened |
|---|---|---|
| .................................................. | → | .................................................. |
| .................................................. | | .................................................. |
| .................................................. | | .................................................. |
| .................................................. | | .................................................. |

**My tactics**

Avant de lire un article de journal, je peux deviner de quoi il parle en regardant

..................................................

**c** **Read the subheading (=** ***sous-titre*****) and check your answer.**
**List the new information you get.**

- ..................................................
- ..................................................
- ..................................................
- ..................................................

**My tactics**

Le sous-titre me donne quelques informations supplémentaires.

**d** **Make a list of the questions which can help you find out more about the situation.**
**You can use: Who? When?...**

..................................................

..................................................

..................................................

..................................................

..................................................

**e** **Now read the article. What answers did you get?**

..................................................

..................................................

..................................................

..................................................

**f** **Do you think Paul Connelly is guilty or innocent? Justify your choice.**

☐ **guilty**

..................................................

..................................................

..................................................

☐ **innocent**

..................................................

..................................................

..................................................

**Store up your vocabulary**

**Repère dans le texte :**

**1.** **un mot qui est à la fois un nom et un verbe :** ..................................................

**2.** **trois indications de temps :** .................... .................... ....................

**3.** **trois indications de lieu :** .................... .................... ....................

## Grammar Memo

**a** **Observe les phrases suivantes et dis si elles parlent d'événements**
☐ **passés ?** ☐ **futurs?** ☐ **présents ?**

**b** **Puis retrouve la base verbale (BV) de chaque verbe et classe-les en deux catégories.**

| | Base verbale | BV + terminaison | Autre |
|---|---|---|---|
| **1.** *Paul arrived by paraglider.* | .................... | ☐ | ☐ |
| **2.** *The guards called the police* | .................... | ☐ | ☐ |
| **3.** *The Royal Family were there.* | .................... | ☐ | ☐ |
| **4.** *His sister took the train.* | .................... | ☐ | ☐ |

**c** **Qu'en conclus-tu ?**

Au prétérit (expression du passé), il y a deux sortes de verbes :

– les verbes .................................... auxquels on ajoute la terminaison .................... ;

– les verbes .................................... qu'il faut apprendre par cœur. → p. 126

# Use what you know

→ Manuel p. 72

## 6 Write a few lines

**Read today's news and write an article for a newspaper.**

1. Headline: ..................
2. (Who?) ..................
3. (Where?) ..................
4. (When?) ..................
5. (What happened?) ..................

## 7 YOUR TASK

**Choose a headline in your book p. 72 and write an article.**

Date

Name of the newspaper → ..................

Headline → ..................

Name of the journalist → ..................
reporting from ..................

Article → ..................

## Homework

**Exercice 1**

**Traduis les phrases en utilisant le prétérit.**

1. Paul est arrivé en parapente. → ..........
2. La famille royale était au château de Balmoral. → ..........

..........

3. Chad a pris le train hier soir. → ..........
4. Les gardes lui ont couru après. → ..........
5. Il avait un pistolet. → ..........

**Exercice 2**

**Voici des titres d'articles de presse. En anglais, ils sont la plupart du temps au présent. Écris trois phrases au passé pour expliquer ce qui s'est passé.**

Ex. : **OBAMA WINS U.S. ELECTIONS** → Obama won the American elections.

1 **Farmers see extra-terrestrials in Kansas!**

2 **French president visits London for one hour then goes back to Paris**

3

**Criminal gang attacks Barclays Bank**

1. ..........

..........

..........

..........

2. ..........

..........

..........

..........

3. ..........

..........

..........

..........

# Quick check

CD CLASSE → Manuel p. 71

**1** **Lis cet article et complète la fiche.**

## The Guardian

January 12th 2011

10 DOWNING STREET'S NEW RECRUIT
Harry the cat arrived at 10 Downing Street yesterday.

Melissa Stone, London.

After the shocking discovery of rats at the Prime Minister's residence, 10 Downing Street have decided to hire a cat. Harry was selected after a very hard rat-catching exam.

- Headline: ..............................
- Name of the journalist: ..............................
- Name of the newspaper: ..............................
- Date: ..............................
- Place of the event: ..............................

☐ **Je sais repérer les différents éléments d'un article de presse.**

**2** **Écoute ce bulletin d'information et coche les événements qui sont mentionnés.**

☐ Les élèves ont célébré l'anniversaire de leur école.
☐ Une grand-mère est restée bloquée dans la neige.
☐ Une grand-mère a visité l'école.
☐ Les routes ont été bloquées par la neige.
☐ L'école est restée fermée à cause de la neige.
☐ Tous les enfants ont célébré l'anniversaire de Mary Glasgow.
☐ Rick Davis est devenu l'homme le plus âgé de la ville.
☐ Mary Glasgow est devenue la dame la plus âgée de la ville.

☐ **Je sais repérer les informations essentielles dans un court bulletin d'information.**

**3** **Pour chaque titre d'article, écris une phrase complète au passé en expliquant ce qui s'est passé.**

**1.** Granny stops bank robbers

..............................

**2.** Elephant escapes from zoo and creates public panic!

..............................

**3.** Scottish victory last night: Glasgow 3 – 0 Liverpool

..............................

☐ **Je sais rendre compte d'événements passés.**

Part 4

# Unit 8 A new hero!

## Discover

→ Manuel p. 76

### Wordgym

**a Match the person with the corresponding action.**

| | |
|---|---|
| criminal • | • commit a robbery |
| robber • | • commit a murder |
| detective • | • commit a crime |
| murderer • | • investigate |

**b The police have arrested Sam the robber. Help them list what he stole by matching the words with the numbers.**

- a bracelet ........
- a knife ........
- banknotes ........
- a wallet ........
- a watch ........
- a gun ........
- a diamond ring ........
- a necklace ........

**3 Listen and say what happened and when.** CD CLASSE

| | What ? | When? |
|---|---|---|
| a | ........ | ........ |
| b | ........ | ........ |
| c | ........ | ........ |
| d | ........ | ........ |
| e | ........ | ........ |

# Listen and speak

CD ÉLÈVE PISTE 10 → Manuel p. 77

**4** **a** **Look at the first picture in your book p. 77.**

**Say what you know:**

- about the link between the two characters: ……
- about the situation: ……
- about the two characters' feelings: ……

**b** **Imagine their conversation.**

| Chad's questions | Uncle Paul's answers |
| --- | --- |
| …… | …… |
| …… | …… |
| …… | …… |
| …… | …… |

**c** **Listen to the dialogue. Focus on Chad's questions and write them down.**

- Did you really ……
- Did ……
- Why did you ……
- Why did you ……
- Why did ……

**d** **Listen again and focus on Uncle Paul's answers. Write down some of the words he uses to explain what really happened.**

| The police think: | Uncle Paul says: |
| --- | --- |
| → It was an attack. | It was …… |
| → Paul was disguised. | …… |
| → He had a gun. | …… |
| → He attacked the castle. | …… |

**e Listen again. Focus on the information about the gun.**
**Tick the picture which corresponds to what you understand.**

☐ 

☐ 

**What did you hear that helped you choose the situation?**

..............................................................................................................

..............................................................................................................

..............................................................................................................

## My tactics

Même si je ne comprends pas tout, les mots que je comprends et ce que je sais de la situation m'aident à comprendre l'essentiel de ce qui s'est passé.

**f Listen to Chad at the end of the conversation and look at picture 4 in your book p. 77. Write down the words you can hear:**

..............................................................................................................

..............................................................................................................

**Your conclusion:** Chad feels .............................................. because ..............................................

..............................................................................................................

## Store up your vocabulary

1. Quelle expression utilise Paul pour certifier à Chad qu'il dit la vérité ? ..............................

2. Que dit Chad pour dire qu'il s'agit de quelque chose d'incroyable ? ..............................

## Grammar Memo

**Observe les phrases suivantes.**

1. *Did you attack the castle?*
2. *Did you hurt yourself?*

• Pour poser une question au passé, tu utilises : *DID* + .................. + .............................. + ?

3. *He didn't have a gun.*
4. *They didn't attack the castle.*

• Pour faire une phrase négative au passé, tu utilises : Sujet + .................. + ..............................

# Use what you know

→ Manuel p. 78

## 5 Speak for a minute

CD CLASSE

**Listen and complete the grid. Show that the suspects are not telling the truth.**

| | |
|---|---|
| **Suspect 1** | • No, he didn't ........................ <br> • He ........................ |
| **Suspect 2** | • ........................ <br> • ........................ |
| **Suspect 3** | • ........................ <br> • ........................ |
| **Suspect 4** | • ........................ <br> • ........................ |

## 6 Write a few lines

**Complete the article with possessive pronouns.**

### FIGHT AT THE ROYAL POLO CLUB LAST NIGHT

Last night, there was a fight at the Royal Polo Club between Princess Katia, Count Gustavo, Prince Kyril and Lady Hutton.

The fight started when Lady Hutton declared that Princess Katia's diamond necklace was not ........................ . Lady Hutton said the necklace was ........................ (…).

(Prince Kyril) said: "That, Count Gustavo, is not ........................, it is ........................, give it to me!" Princess Katia cried out "You are wrong, that is ........................." And another fight started.

# Homework

**Exercice 1**

**Traduis en anglais.**

1. Je n'ai pas attaqué la banque !
→ ........................................................................
2. Je n'ai pas volé ce bracelet, c'est le mien !
→ ........................................................................
3. Elle n'a pas pris cet argent, c'est le sien !
→ ........................................................................
4. Ce pistolet n'est pas le mien, c'est le vôtre !
→ ........................................................................
5. Est-ce que tu t'es fait mal ? → ........................................................................

**Exercice 2**

**Relis le script de la leçon p. 150. Toutes ces affirmations sont fausses, corrige-les.**

*Ex.* : Paul slept very well that night. → Wrong: Paul didn't sleep at all last night.

1. Paul arrived by plane.
→ ........................................................................
2. The rope of his parachute broke.
→ ........................................................................
3. He had a gun with him.
→ ........................................................................
4. He had his Superman costume on.
→ ........................................................................
5. He saw a wolf in the forest.
→ ........................................................................

**Exercice 3**

**Retrouve les questions qui ont provoqué ces réponses.**

1. They went to Scotland by car.
→ How ........................................................................?
2. No, I didn't hurt myself.
→ Did ........................................................................?
3. I arrived late because the train was late.
→ Why ........................................................................?
4. He fell near the lake.
→ Where ........................................................................?
5. He ran away because he was afraid.
→ Why ........................................................................?

# Quick check

CD CLASSE → Manuel p. 77

**1** **Prépare l'interview d'un suspect.**

Lord Smiley a été assassiné ! Tout accuse Charles Badminton : il a été retrouvé à côté de la victime avec un pistolet dans une main et les bijoux de Lady Smiley dans l'autre.

**Rédige les questions du Detective Cunningham qui est chargé de l'enquête. Joue la scène puis note les réponses.**

........................................................................................................................

........................................................................................................................

........................................................................................................................

........................................................................................................................

........................................................................................................................

........................................................................................................................

☐ **Je sais interroger un suspect.**

**2** **Le détective John Marlowe et son assistante Lolita Stapler rangent leur bureau. Écoute leur conversation et relie chaque objet à son propriétaire.**

Lolita Stapler • John Marlowe • Mark Crackow • Lolita's sister •

• 

• 

• 

• 

☐ **Je peux comprendre dans une conversation à qui appartient un objet.**

**3** **Hier soir tu as regardé la télé avec Polly, ton adorable petit caniche (*poodle*) blanc. Ce matin, tu as reçu cette lettre de la police. Réponds-y.**

Yesterday, the neighbours saw you with your dog in the street. Your dog was very aggressive and he attacked your neighbours. The neighbours were scared and they ran away. Then, you and your big black dog broke your neighbours' door and you took their playstation and their DVD player. It was dark, but your neighbours think they recognized you.

........................................................................................................................

........................................................................................................................

........................................................................................................................

........................................................................................................................

........................................................................................................................

........................................................................................................................

........................................................................................................................

☐ **Je sais contredire des faits passés.**

Part 4

# Using new words

→ Tous les mots recherchés sont dans *My words* p. 67.

**1 Complète les phrases avec le verbe qui convient.**

FIREMEN .................................... A DOG FROM FIRE

The police .................................... a dangerous criminal yesterday

A THIEF .................................... £100,000 YESTERDAY

A farmer .................................... of a UFO[1] in Kansas

1. OVNI

A GANG OF ROBBERS .................................... A TRAIN YESTERDAY

**2 Relie les adjectifs à leurs synonymes.**

| | | | | |
|---|---|---|---|---|
| SCARY | FUNNY | MOVING | ROMANTIC | BRAVE |
| HEROIC | UNBELIEVABLE | FRIGHTENING | AMUSING | INCREDIBLE |

.................................... = ....................................  .................................... = ....................................

.................................... = ....................................  .................................... = ....................................

.................................... = ....................................

**3 Retrouve les métiers en ajoutant la terminaison qui convient.**

**1.** A report .... ....
**2.** An edit .... ....
**3.** A lawy .... ....
**4.** A robb .... ....
**5.** A police-offic .... ....
**6.** A photograph .... ....

**Quel est l'intrus ? Que remarques-tu lorsque tu le prononces ?**

..........................................................................................

# Part 4

# My words

## Les verbes

**arrest** : arrêter
**attack** : attaquer
**catch (caught)** : attraper
**interview** : interroger
**investigate** : enquêter
**land** : atterrir
**murder** : assassiner
**report** : rendre compte
**rescue** : secourir
**rob** : voler
**save** : sauver
**take (took) a photo** : prendre une photo
**write an article** : écrire un article

## Les adjectifs

**amusing** : amusant(e)
**brave** : courageux(se)
**frightening** : effrayant(e)
**funny** : drôle
**heroic** : héroïque
**incredible, unbelievable** : incroyable
**moving** : émouvant(e)
**mysterious** : mystérieux(se)
**scary** : effrayant(e)
**surprising** : surprenant(e)

## Les marqueurs de temps

**the day before yesterday** : avant-hier
**the day after tomorrow** : après demain
**last month** : le mois dernier
**last week** : la semaine dernière
**last year** : l'an dernier
**last night** : la nuit dernière
**tomorrow** : demain
**yesterday** : hier

## Les noms

**a bracelet** : un bracelet
**a case** : une affaire
**a detective** : un(e) détective
**an editor** : un rédacteur, une rédactrice en chef
**a gang** : une bande
**a guard** : un garde
**a headline** : un titre d'article
**a hero (heroes)** : un héro (des héros)
**a jail, a prison** : une prison
**jewels** : des bijoux
**a journalist, a reporter** : un(e) journaliste
**a lawyer** : un avocat
**a murderer** : un(e) meurtrier(ère)
**a necklace** : un collier
**the news** : les nouvelles, l'actualité
**a newspaper** : un journal
**a pearl** : une perle
**a policeman** : un policier
**a police officer** : un officier de police
**a ring** : une bague
**a robber** : un(e) voleur(se)
**a suspect** : une suspect
**a watch** : une montre

## Expressions à retenir

**Hands up!** Les mains en l'air !
**You're under arrest!** Vous êtes en état d'arrestation !

## Maintenant je sais :

| | ☹ | 😐 | ☺ |
|---|---|---|---|
| → parler des faits divers | ☐ | ☐ | ☐ |
| → nommer en anglais les différentes parties d'un article de presse | ☐ | ☐ | ☐ |
| → donner mon avis sur un sujet d'actualité | ☐ | ☐ | ☐ |

# Part 5 In the Wild West

## Build up and organize your vocabulary

→ Find help p. 82

### In the Wild West

### AN ADVENTURER'S EQUIPMENT

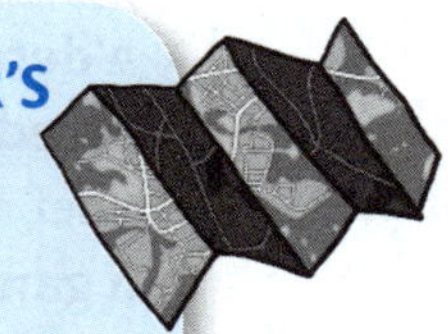

- a map
- ..........
- ..........
- ..........
- ..........
- ..........

### WEATHER

- sunny
- ..........
- ..........
- ..........
- ..........
- ..........

### PHYSICAL QUALITIES

- strong
- ..........
- ..........
- ..........
- ..........
- ..........

### NATURE

- a mountain
- ..........
- ..........
- ..........
- ..........
- ..........

### PERSONALITY

- brave
- ..........
- ..........
- ..........
- ..........
- ..........

Part 5

# Unit 9 Tomorrow's a big day

## Discover

→ Manuel p. 88

### Wordgym

**Listen and repeat the words. Then write them under the corresponding picture.**

rainy · sunny · cloudy · snowy · wet · foggy · windy · hot · cold · dry

1  ..........

2  ..........

3  ..........

4 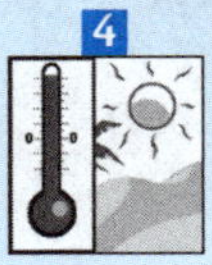 ..........

5 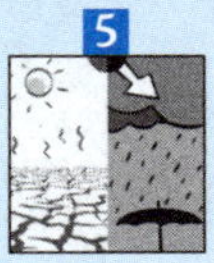 ..........

6 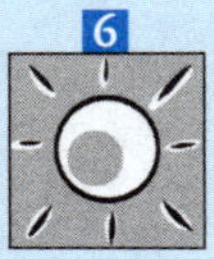 ..........

7 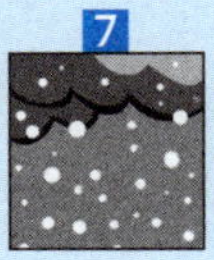 ..........

8  ..........

9 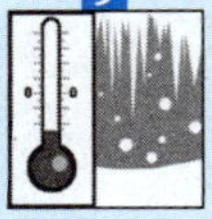 ..........

10  ..........

### 2

**a Listen to the meteorologist and take notes.**

| Cities | Weather | Temperatures | Comments |
|---|---|---|---|
| L...... A.......... | | | |
| P.......... | | | |
| N...... Y.......... | | | |
| S.......... | | | |

**b Choose a city (map p. 88 of your book) and present the weather forecast.**

City: .......... Weather: ..........

Temperature: .......... Comment: ..........

### 3

**Listen and say where they'll spend their next holidays.**

| | Place | Information |
|---|---|---|
| 1 | .......... | .......... |
| 2 | .......... | .......... |
| 3 | .......... | .......... |

# Listen and speak

CD ÉLÈVE PISTE 12

→ Manuel p. 89

**4** **a** **Look at the first picture in your book p. 89 and listen to the dialogue. Write only words and expressions.**

- Who? ..................
- Where? ..................
- Why? ..................

Tomorrow's plans

- Who? ..................
- Where? ..................
- Characteristics of the place:

## My tactics

Renseigne-toi sur les caractéristiques du lieu mentionné (voir carte USA p. II et photo p. 101). Cela peut t'aider à mieux comprendre la situation.

**Recap what you know about the characters' plans for tomorrow.**

..................

..................

**b** **Look at picture 2 in your book p. 89 and listen. Write dowm who does what. Then listen and check your answers.**

| Who? | What? | Result? | Write your clues (words / expressions) |
|---|---|---|---|
| .......... | .......... | ☺ ☐ ☹ ☐ | .......... |
| .......... | .......... | ☺ ☐ ☹ ☐ | .......... |
| .......... | .......... | ☺ ☐ ☹ ☐ | .......... |

**c** **Look at picture 3. Imagine what they are talking about. Then listen and check your answers.**

☐ ..................? ☐ ..................?

☐ ..................? ☐ ..................?

..................

**d** **Focus on Alston and complete the information on the map.**

**Name of the place**

..........................................

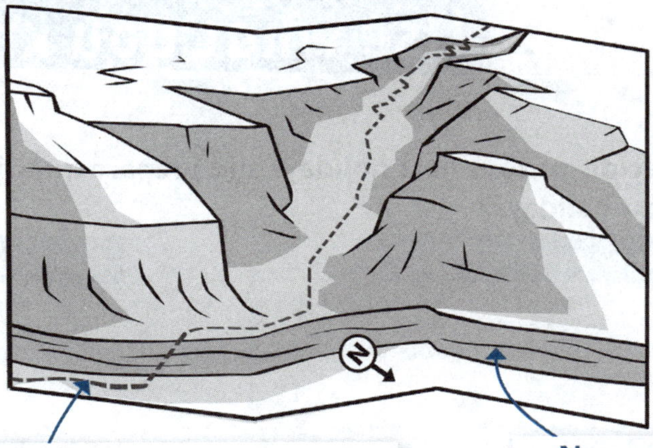

**The trek**

- Length: .............................. • Temperature: ......................
- Direction? Draw an arrow (*flèche*) on the map.

**Name of the river**

..........................................

**e** **What equipment will they need?**

☐ ..............................? ☐ ..............................?

☐ ..............................? ☐ ..............................?

**Listen and check your answers.**

..........................................................................................

..........................................................................................

**f** **Focus on Mercer. What does he say to tease (*taquiner*) Scarlett? What is Scarlett's reaction?**

..........................................................................................

..........................................................................................

..........................................................................................

**g** **Your conclusion: who is the leader in the group? Give your clues.**

..........................................................................................

..........................................................................................

**Store up your vocabulary**

- Note l'expression qu'Alston utilise pour rassurer sa grand-mère. ..............................
- Note le mot que Mercer utilise pour faire peur à Scarlett. ..............................

## Grammar Memo

Pour parler de l'avenir, j'emploie l'auxiliaire .......................... suivi de la ..............................

Ex : *go on holiday*

- Phrase affirmative : I ..........................................................................
- Phrase négative : He ..........................................................................
- Phrase interrogative : .................... you ..................................................?

# Use what you know

→ Manuel p. 90

**5** **Decide on your next holidays and prepare questions about your classmate's next holidays.**

| Your next holidays | Your classmates'next holidays |
| --- | --- |
| ........................ | ........................ |
| ........................ | ........................ |
| ........................ | ........................ |

## 7 YOUR TASK

**Complete the map below:**

**a.** Write the names of the western states and cities.
**b.** Write down the temperatures and add symbols (sunny, cloudy etc.).
**c.** Create a map key (*légende*) and explain the symbols you used.

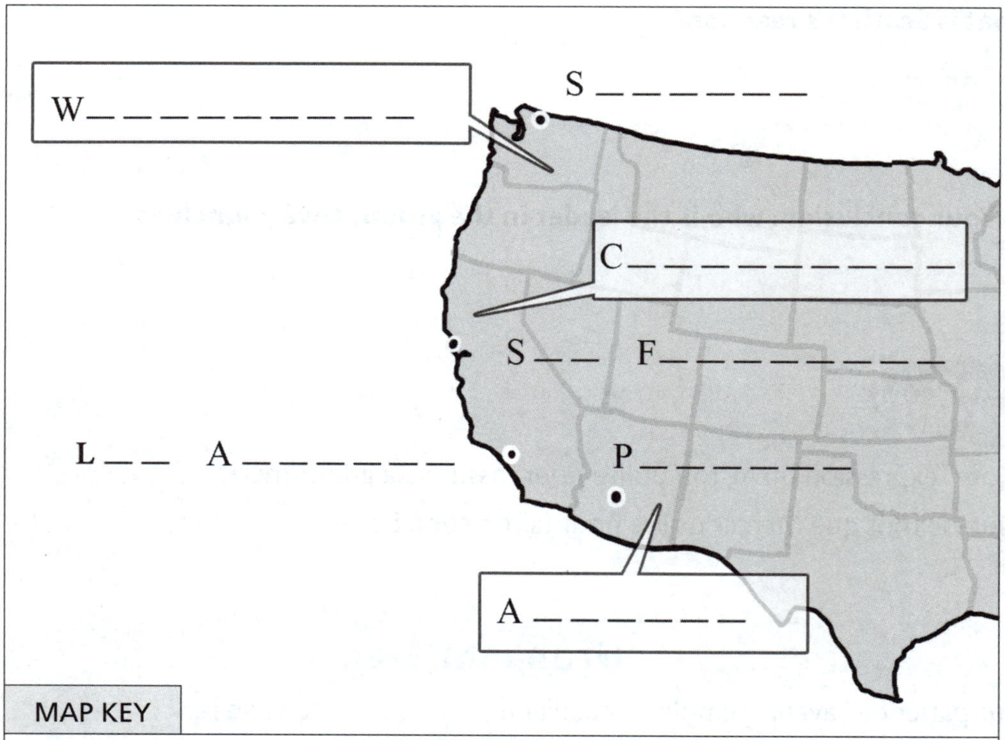


MAP KEY

| Weather | | |
| --- | --- | --- |
| ........................ | ........................ | ▭ State |
| ........................ | ........................ | • City |
| ........................ | ........................ | |

# Homework

**Exercice 1**

**Regarde les dessins et dis ce dont Pearl aura ou n'aura pas besoin pour son expédition.**

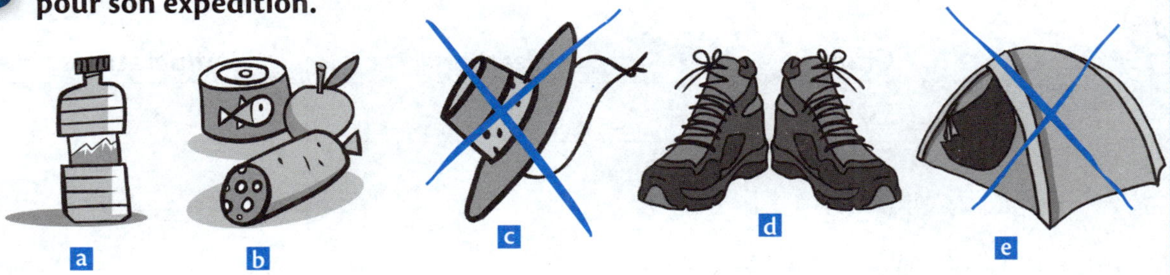
a b c d e

1. ........................................
2. ........................................
3. ........................................
4. ........................................
5. ........................................

**Exercice 2**

**Complète les phrases suivantes en utilisant tes connaissances personnelles et ton imagination.**

1. If I go to New York ........................................

........................................

2. If I go to Arizona ........................................

........................................

3. If I win the lottery ........................................

........................................

**Exercice 3**

**Imagine comment sera la vie en 2050. Décris ce monde futuriste (ce que les gens feront ou ne feront pas).**

I think, in 2050, ........................................

........................................

........................................

........................................

........................................

........................................

........................................

........................................

........................................

# Quick check

CD CLASSE → Manuel p. 89

**1** **Écoute les prévisions météorologiques et complète le tableau.**

Date: ..............................................

| Cities | Weather | Temperatures |
|---|---|---|
| N.............. Y.................. | .................................................. | .......................................... |
| B.................................... | .................................................. | .......................................... |
| W.................................... | .................................................. | .......................................... |

☐ **Je comprends un bulletin météorologique.**

**2** **Écris quatre phrases pour décrire ce que l'avenir réserve à Mr Lee d'après la voyante Miranda.**

Miranda predicts that ..............................................

..............................................................................

..............................................................................

..............................................................................

..............................................................................

..............................................................................

..............................................................................

..............................................................................

..............................................................................

☐ **Je sais faire des prédictions sur l'avenir.**

**3** **Regarde les deux personnages et compare-les.**

..............................................................................

..............................................................................

..............................................................................

..............................................................................

..............................................................................

..............................................................................

..............................................................................

..............................................................................

☐ **Je sais comparer des personnes.**

Part 5

# Unit 10 Hiking down the Grand Canyon

## Discover

→ Manuel p. 94

### Wordgym

**Listen and repeat the words. Then write them under the corresponding picture.**

a continent

an ocean, a sea

a country

a river

the world

a

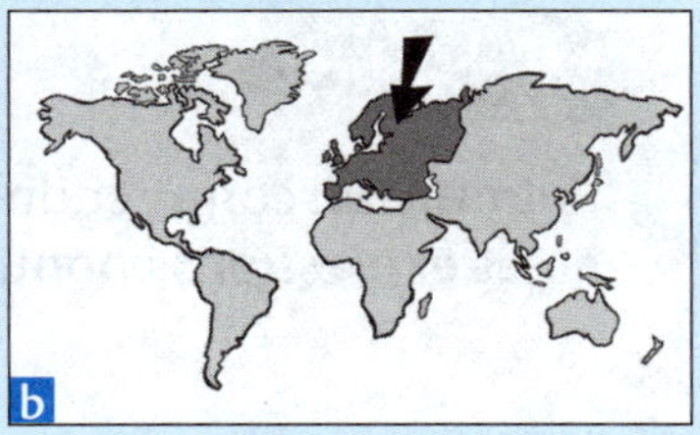
b

..................................... .....................................

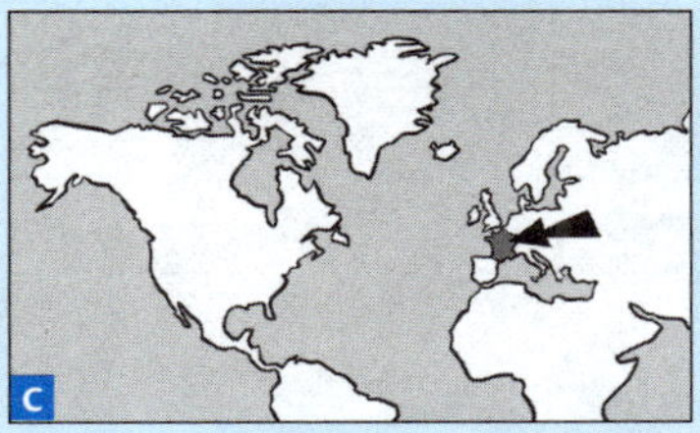
c

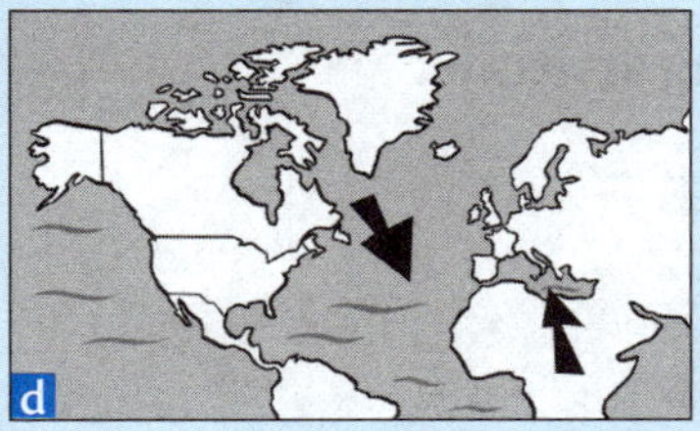
d

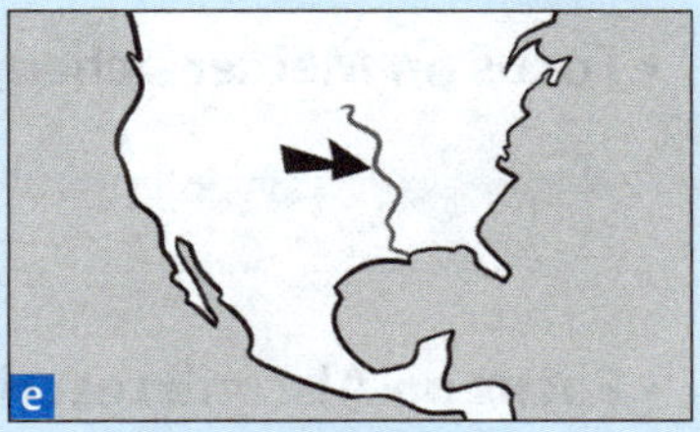
e

..................................... ..................................... .....................................

**2 Listen and complete the following grid.**

| Presenter | Contestant 1 | Contestant 2 |
|---|---|---|
| Name: ..................... | Name: ..................... | Name: ..................... |
| Question 1: ..................... | Answer : ..................... | Answer : ..................... |
| Question 2: ..................... | Answer : ..................... | Answer : ..................... |

# Listen and speak

CD ÉLÈVE PISTE 13 → Manuel p. 95

**4** **a** **Look at the first picture in your book p. 95 and describe the scene.**

- **Who?** ........................ • **Where?** ........................
- **What are they doing?** ........................
- **Write words and expressions you think you'll hear in the dialogue.**

........................

**My tactics**

Pour mieux comprendre une histoire, il est utile de mobiliser le vocabulaire et les expressions connues que tu t'attends à entendre.

**b** **Look at pictures 1 and 2 in your book p. 95 and listen to the dialogue.**

| | Picture 1 | Picture 2 |
|---|---|---|
| • **Focus on Mercer's changing attitude.** | ........................ | ........................ |
| • **Focus on Alston's reactions.** | "Stop ........................!" | "Stop ........................!" |

- **Recap:** ........................

**c** **Look at pictures 3 and 4 and listen. What are the characters' problems?**

| Problems / your clues | Solutions |
|---|---|
| ........................ | ........................ |

- **Recap:** ........................

**d Listen to the end of the conversation. Choose the picture corresponding to the ending.**

1 ☐

2 ☐

**Your clues (words, expressions...):** ..........

..........

..........

**e Give your impressions about each character compared to the others.**
**You can use:** *pretentious, confident, brave, funny, serious, strong, easily impressed, fragile, responsible, mature, childish.*

| Scarlett | Alston | Mercer |
| --- | --- | --- |
| .......... | .......... | .......... |
| .......... | .......... | .......... |
| .......... | .......... | .......... |
| .......... | .......... | .......... |

**Store up your vocabulary**

1. **Note l'expression que Mercer utilise pour dire qu'il ne lui reste plus d'eau.**

..........

2. **Note l'expression que Scarlett utilise pour dire qu'il n'y a pas de temps à perdre.**

..........

## Grammar Memo

**Complète les phrases suivantes puis retrouve un exemple dans la conversation.**
Pour parler de quelque chose d'exceptionnel, j'utilise le superlatif.

Pour un adjectif court, j'utilise .......... + adj + ..........

Ex : ..........

Pour un adjectif long, j'utilise .......... + .......... + adj.

Ex : ..........

# Use what you know

→ Manuel p. 96

## 5 Write a few lines

**Post a comment on Jessica Watson's blog to encourage her in her next expedition.**

http://jessica-blog

I think you are the ..............................................................................

..............................................................................

..............................................................................

..............................................................................

..............................................................................

..............................................................................

..............................................................................

..............................................................................

## 7 YOUR TASK

| Australia | Canada | Great Britain | United States |
|---|---|---|---|
| 22,593,021 people | 34,432,000 people | 62,041,708 people | 311,240,000 people |
| 7,617,930 $km^2$ | 9,984,670 $km^2$ | 229,848 $km^2$ | 9,826,675 $km^2$ |
| 0 °C - 28 °C | −16 °C - 27 °C | 2 °C - 22 °C | −1 °C - 31 °C |

**a** **Write down three questions about the countries.**

**b** **Then ask someone in the class and write down his/her answers.**

**1.** .............................................................................. ?

→ ..............................................................................

**2.** .............................................................................. ?

→ ..............................................................................

**3.** .............................................................................. ?

→ ..............................................................................

# Homework

**Exercice 1**

**Complète les phrases suivantes en utilisant le superlatif de l'adjectif entre parenthèses.**

1. He is .................................................. player in the world. (good)
2. Thomas is .................................................. boy in his family. (tall)
3. This is .................................................. film ever! (scary)
4. You chose .................................................. computer. (bad)
5. Parker is .................................................. pupil in the class. (intelligent)

**Exercice 2**

**Traduis les questions suivantes.**

1. Quelle est la plus haute montagne au monde ?

..................................................................................................................................................

2. Quel est l'animal le plus rapide ?

..................................................................................................................................................

3. Quel est le pays le plus peuplé de la terre ?

..................................................................................................................................................

4. Quel est le continent le plus vaste de la planète ?

..................................................................................................................................................

5. Quel est l'endroit le plus chaud de la planète ?

..................................................................................................................................................

**Exercice 3**

**Réagis en disant ce que les personnages vont devoir faire.**

1. It's 8 o'clock. Peter just woke up. He is late for school.

.................................................................................................................................... (hurry up)

2. Carol's backpack fell into the river.

.................................................................................................................................... (swim)

3. I have a geography test at school tomorrow.

.................................................................................................................................... (study)

4. Tom is going for a hike down Grand Canyon tomorrow.

.................................................................................................................................... (prepare)

# Quick check

CD CLASSE → Manuel p. 95

**1** **Écoute et retrouve les prénoms de chaque personnage.**

.................... .................... .................... ....................

☐ **Je comprends le caractère exceptionnel de quelque chose ou quelqu'un.**

**2** **Utilise les informations ci-dessous pour exprimer le caractère exceptionnel de chaque élément.**

| Robert Wadlow<br>Height : 2.72 m | Mount Everest<br>8,848 m | swift (bird)<br>171 km/h | Shangai<br>19.8 million inhabitants |
|---|---|---|---|

1. ..........................................................................................
2. ..........................................................................................
3. ..........................................................................................
4. ..........................................................................................

☐ **Je sais exprimer le caractère exceptionnel de quelque chose ou quelqu'un.**

**3** **Un de tes amis a décidé de faire la descente du Grand Canyon. Tu lui écris un message pour lui expliquer ce qu'il devra prévoir de faire pour son expédition.**

From: ....................

to: ....................

Subject: ....................

..........................................................................................
..........................................................................................
..........................................................................................
..........................................................................................
..........................................................................................

☐ **Je sais dire ce que quelqu'un devra faire ou pas.**

# Part 5

## Using new words

→ Tous les mots recherchés sont dans *My words* p. 82.

**1 Annote le dessin de l'explorateur pour décrire son équipement.**

1. ..............................
2. ..............................
3. ..............................
4. ..............................
5. ..............................
6. ..............................
7. ..............................

**2 Associe ces mots à d'autres mots qui ont une relation logique avec eux.**

1. Camping ..............................
2. Weather ..............................
3. The world ..............................

**3 Regarde les dessins et note l'adjectif qui correspond à l'attitude du personnage.**

.................. .................. .................. .................. ..................

**4 Trouve les mots correspondant aux définitions suivantes.**

1. Asia and Europe are ..............................
2. An instrument indicating the direction of the North. ..............................
3. You walk on one when you cross a river. ..............................

**5 Que dirais-tu à ton ami dans les circonstances suivantes :**

1. You're late and your friend is very slow.

..............................

2. He is quite pretentious and always says he's the best.

..............................

3. He is never happy and always speaks about negative things.

..............................

# Part 5

# My words

## Les verbes

**carry :** porter
**climb up :** grimper, escalader
**hike :** faire de la marche
**look like :** ressembler à
**need :** avoir besoin de
**reach :** atteindre
**read (read) :** lire
**swim (swam) across :** traverser à la nage

## Les noms

**an adventurer :** un(e) aventurier(ère)
**a backpack (US) :** un sac à dos
**a bridge :** un pont
**a canyon :** un canyon
**a compass :** une boussole
**a continent :** un continent
**a country :** un pays
**an explorer :** un explorateur, une exploratrice
**a fire :** un feu
**a flashlight (US) :** une lampe torche
**the ground :** le sol
**a hat :** un chapeau
**hiking :** la randonnée
**a map :** une carte
**a mountain :** une montagne
**mountain climbing :** l'escalade
**an ocean :** un océan
**planet Earth :** la planète terre
**a river :** une rivière
**the sea :** la mer
**the sky :** le ciel
**a sleeping-bag :** un sac de couchage
**sunglasses :** les lunettes de soleil
**the world :** le monde

## Les adjectifs

**athletic :** sportif(ve)
**brave :** courageux(se)
**childish :** puéril(e)
**clever :** intelligent(e)
**cloudy :** nuageux(se)
**cold :** froid(e)
**comfortable :** confortable
**confident :** sûr(e) de soi
**dry :** sec, sèche
**easy :** facile
**exhausted :** épuisé(e)
**fast :** rapide
**foggy :** brumeux(se)
**heavy :** lourd(e)
**hot :** chaud(e)
**(be) hungry :** avoir faim
**lazy :** paresseux(se)
**pretentious :** pretentieux(se)
**rainy :** pluvieux(se)
**snowy :** neigeux(se)
**strong :** fort(e)
**sunny :** ensoleillé(e)
**(be) thirsty :** avoir soif
**wet :** mouillé(e), pluvieux(se)
**windy :** venteux(se)

## Les expressions

**Let's hurry up!** Dépêchons-nous !
**Stop complaining!** Arrête de te plaindre !
**Stop showing off!** Arrête de faire l'intéressant(e) !
**Whatever!** Peu importe !

### Maintenant je sais :

| | ☹ | 😐 | ☺ |
|---|---|---|---|
| → parler du temps qu'il va faire | ☐ | ☐ | ☐ |
| → parler du tempérament de quelqu'un | ☐ | ☐ | ☐ |
| → parler d'une randonnée | ☐ | ☐ | ☐ |

# Part 6 A new star in Hollywood!

## Build up and organize your vocabulary

→ Find help p. 97

# A new star in Hollywood!

### CINEMA JOBS
- an actor
- ........................
- ........................
- ........................
- ........................
- ........................

### COSTUMES AND ACCESSORIES
- a cloak
- ........................
- ........................
- ........................
- ........................
- ........................

### ACTIONS
- shoot
- ........................
- ........................
- ........................
- ........................
- ........................

### FEELINGS
- scared
- ........................
- ........................
- ........................
- ........................
- ........................

### PARANORMAL CREATURES
- a vampire
- ........................
- ........................
- ........................
- ........................
- ........................

Part 6

# Unit 11 A great job in Hollywood

## Discover

→ Manuel p. 106

### 1 Wordgym

**Match the jobs with the actions.**

| | |
|---|---|
| costume designer • | • create costumes |
| stuntman • | • decorate the set |
| cameraman • | • do the dangerous scenes |
| actor • | • learn his role by heart and act scenes |
| film director • | • shoot the film |
| set designer • | • cast the actors and direct the film |

**2 Listen to the interview of Misha Grahams.** CD CLASSE

**a Tick what she had to do for her new film.**

**b Circle the action(s) that she couldn't do and that the stuntwoman had to do.**

☐

☐

☐

☐

**3 a Match the following verbs with the corresponding character:**

Stephen Kriesberg • | Michelle Vickman •

• said | • said | • explained | • cried | • declared

**b Make two sentences to describe the two characters' problems.**

The film director ..............................................................................................

..............................................................................................

The actress ..............................................................................................

..............................................................................................

## Read and speak

→ Manuel p. 107

**4** **a Before reading the text, find out:**

- the nature of the document ........................................
- who wrote it ........................ • to whom ........................
- the subject of the document ........................................

**Recap:** This document is ........................................

........................................................................

**b Read the first sentence.**

Name of the city: ........................ What is this city famous for? Tick the right picture.

☐

☐

☐

**Now, imagine what the exciting news is about.**

I think ........................................................................

because ........................................................................

**c Read the first paragraph and complete the future film poster.**

Title of the film → ........................................

Actors' name → ........................ ........................

........................................

Director's name → ........................................'s new film

**d** **Focus on the film director. What is his problem? What are the solutions?**

........................................................................................................................

........................................................................................................................

**e** **Focus on Mr Williams.**

- **What did he have to do?** ........................................................................................

........................................................................................................................

- **Complete Scarlett's Curriculum Vitae.**

- **Why does her father think she is the perfect candidate?**

..........................................................................

..........................................................................

..........................................................................

..........................................................................

..........................................................................

..........................................................................

..........................................................................

Name:

..................................

Age:

..................................

Job experience
and qualifications

..........................................................................

..........................................................................

Physical appearance ..............................................

..........................................................................

Other..........................................................................

..........................................................................

Store up your vocabulary

**Comment dis-tu en anglais ?**

**1.** Réponds le plus vite possible ..............................................................

**2.** Grosses bises ..............................................................

**3.** Tu ne devineras jamais ! ..............................................................

## Grammar Memo

**a** **Observe les phrases suivantes.**

**1.** *I had to show him your picture.*
**2.** *I couldn't convince him!*
**3.** *I didn't have to say anything more!*

Dans quelle phrase Kevin explique-t-il ce qu'il a dû faire ? ..........
Dans quelle phrase dit-il :
– ce qu'il n'a pas été obligé de faire ? ..........   – ce qu'il n'a pas pu faire ? ..........

**b** **Complète.**

- Obligation passée : .................................... + base verbale.
- Absence d'obligation passée : DID NOT + .................................... + base verbale.
- Impossibilité passée : .................................... + base verbale.

# Use what you know

→ Manuel p. 108

## 6 Write a few lines

**You have a role in "Twilight 4". Send an email to your friend telling him what you had to do during the shooting of the film.**

From: ....................

to: ....................

Subject: ....................

..........................................................................................

..........................................................................................

..........................................................................................

..........................................................................................

..........................................................................................

..............................

## 7 YOUR TASK

**Prepare the journalist's questions. Then write down the actor's answers.**

Journalist: ..........................................................................................

..........................................................................................

Orlando Bloom: ..........................................................................................

..........................................................................................

Journalist: ..........................................................................................

..........................................................................................

O. B.: ..........................................................................................

..........................................................................................

Journalist: ..........................................................................................

..........................................................................................

O. B.: ..........................................................................................

..........................................................................................

# Homework

Exercice 1

**Traduis les phrases suivantes.**

1. Kevin had to convince the film director.

..................................................................................................................................

2. He had to go back home.

..................................................................................................................................

3. He had to find a picture of Scarlett.

..................................................................................................................................

4. He had to show the picture to the actors.

..................................................................................................................................

5. They couldn't believe it: Scarlett looked like Stella's little sister.

..................................................................................................................................

Exercice 2

**Regarde les images et imagine ce qu'ils ont dû faire pour résoudre le problème. Utilise les mots proposés.**

1

3

2

4

1. REPAIR ..................................................................................................
2. GO TO THE VET ..................................................................................................
3. HURRY ..................................................................................................
4. JUMP ..................................................................................................

Exercice 3

**Complète avec COULD ou COULDN'T.**

1. Sorry but the bus didn't come so I .................................................. arrive on time.
2. Yesterday I was very tired so I .................................................. do the action scenes.
3. It snowed a lot last night so this morning we .................................................. go out.
4. My grandmother .................................................. swim very well when she was younger.

# Quick check

CD CLASSE → Manuel p. 107

**1** **Stephen Kriesberg est furieux ! L'actrice Michelle Vickman n'est pas venue sur le tournage du film ce matin.**
**Note les trois excuses que Michelle donne pour expliquer son retard.**

1. ..........
2. ..........
3. ..........

☐ Je sais repérer ce qu'une personne a dû faire et ce qu'elle n'a pas pu faire.

**2** **Tu étais en retard à l'école ce matin. Rédige un mot adressé à ton professeur en expliquant pourquoi tu n'as pas pu arriver à l'heure et ce que tu as dû faire.**

..........

..........

..........

..........

..........

☐ Je sais me justifier par écrit en disant ce que je n'ai pas pu faire et pourquoi.

**3** **Lis cet article de journal et relève les informations suivantes.**

This morning at 6 am, the famous pop star Arabella King called the police because she couldn't find her pet: a Malaysian tarantula. The police arrived immediately. They looked for the tarantula everywhere in the house. They couldn't find it. The police inspector was furious. He declared to our journalists: "Miss King did not have the authorization to keep a dangerous spider in her home. She couldn't legally have one!". The police couldn't find the spider. They had to close all the windows and the doors of the house. They also had to take Miss King to the police station for an interrogation.

1. Le problème de la personne dont on parle : ..........

..........

2. Ce que la police a dû faire : ..........
3. Ce que la police n'a pas pu faire : ..........

☐ Je sais comprendre dans un récit les problèmes d'une personne.

Part 6

# Unit 12 What a thrill!

## Discover

→ Manuel p. 112

### Wordgym

CD CLASSE

**Listen and write down the accessories mentioned for each actor. Then guess their role: mummy, witch, vampire, zombie or werewolf?**

| | Accessories | | Role |
|---|---|---|---|
| **1.** Milaya | ........................ | → | ........................ |
| **2.** Robert | ........................ | → | ........................ |
| **3.** Lucinda | ........................ | → | ........................ |
| **4.** Anna | ........................ | → | ........................ |
| **5.** Patrick | ........................ | → | ........................ |

**2** **Listen and match each character with his / her alibi.** CD CLASSE

Troy • Jack • Melissa • Sylvia

**Guess who took the film. Say why** ........................

........................

**3** **a** **Write down the verbs to say what Melissa and Sylvia were doing.**

Melissa ........................

Sylvia ........................

**b** **Choose the picture that best illustrates the situation.**

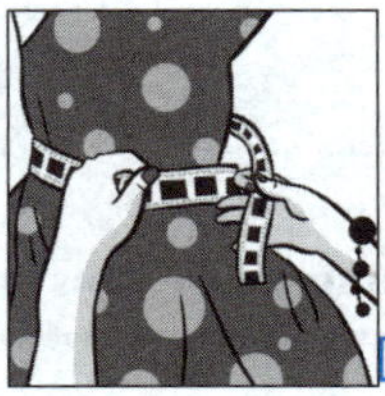 ☐
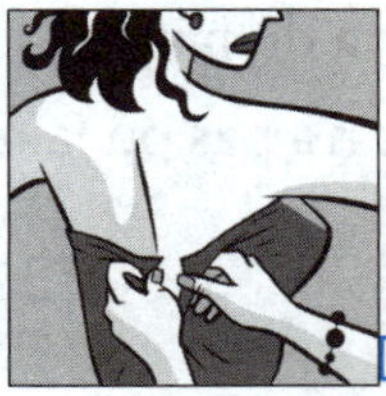 ☐
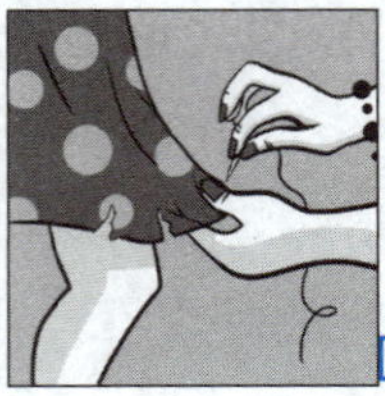 ☐

# Listen and speak

CD ÉLÈVE PISTE 15 → Manuel p. 113

**4** **a Look at picture 1 in your book p. 113. What can you guess about the situation?**

- Who? ..........
- Where? ..........
- What are they doing? ..........
- The two characters' feelings. ..........

**Listen and check your answers.** ..........

**b Now look at pictures 2, 3 and 4 and focus on Scarlett's story. Write down words and expressions.**

People mentioned

..........

..........

Place

..........

What happened?

..........

..........

..........

..........

Circumstances

..........

..........

..........

..........

Her reactions / why?

..........

..........

..........

..........

## My tactics

Quand j'entends la forme verbale *was* / *were* + *V-ing*, je sais qu'il s'agit ..........

..........

**c Now listen and make a list of what Edward said and did.**

- He said ..........

..........

- He ..........

..........

**d** **Listen again to the dialogue. Focus on Scarlett's emotions and put the pictures in the chronological order.**

excited | embarrassed | frightened | nervous

**Now recap.**

- First, ........................ because ........................
- Then, ........................
- Then, ........................
- Finally, ........................

**e** **Give the story a title.**

........................

**Store up your vocabulary**

**Relève trois expressions que Tom utilise pour exprimer sa surprise.**

**1.** *You're* ........................ *!*
**2.** *I can't* ........................ *!*
**3.** *R* ........................ *?*

## Grammar Memo

*While I was trying to put on my dress, someone knocked on the door!*

**a** **Recopie l'événement principal de cette phrase :**

........................

**b** **Recopie ce que Scarlett faisait au même moment :**

........................

**c** **Complète :**
Pour parler des circonstances d'un événement passé, j'utilise la forme
was / were + ........................ + ........................

# Use what you know

→ Manuel p. 114

## 6 Speak in pairs

**In pairs, discuss what was happening when the photographer took the photo.**

- The director ......
- The actress ......
- The cameramen ......
- The photographer ......

## 7 YOUR TASK

**1 Prepare the film poster.**

Coming soon...

**2 Describe the appearance and personality of:**

- the hero ......

......

- the heroine ......

......

**3 Imagine what the hero and the heroine were doing when they met.**

......

......

# Homework

**Exercice 1**

**Écris quatre phrases en utilisant *when* pour relier les événements et leurs circonstances.**

She was running away | The telephone rang | The vampire caught her

They were having dinner | The wolf appeared | It was raining

They arrived | She was walking in the forest

1. ........................................
2. ........................................
3. ........................................
4. ........................................

**Exercice 2**

**Retrouve les questions qui ont provoqué ces réponses.**

1. No, it wasn't raining.

........................................

2. Yes, they were preparing for the new scene.

........................................

3. No I wasn't sleeping, I was watching TV.

........................................

4. No they were not playing rugby, they were playing football.

........................................

**Exercice 3**

**Commente ces illustrations avec des exclamations commençant par *so* ou *what*.**

a

b

c

d

1. ........................................
2. ........................................
3. ........................................
4. ........................................

# Quick check

Manuel p. 113

**1** **Écoute la conversation téléphonique. Décris les circonstances de l'événement, puis dis en quoi cela est surprenant.**

..........

..........

..........

..........

☐ **Je sais relever l'information principale dans une conversation.**

**2** **Imagine une rencontre inoubliable avec ta star préférée. Écris ce que tu étais en train de faire quand tu l'as rencontrée.**

..........

..........

..........

..........

☐ **Je sais raconter par écrit les circonstances d'un événement passé.**

**3** **Associe les images deux par deux puis écris les trois scénarios correspondants.**

a

b

c

d

e

f

**1.** ..........

..........

**2.** ..........

..........

**3.** ..........

..........

☐ **Je sais rendre compte des circonstances d'événements passés.**

# Part 6

## Using new words

→ Tous les mots recherchés sont dans *My words* p. 97.

**1** **Complète le tableau.**

| Adjectif en *-ed* | Traduction | Adjectif en *-ing* | Traduction |
|---|---|---|---|
| embarrassed | ............ | ............ | ............ |
| moved | ............ | ............ | ............ |
| frightened | ............ | ............ | ............ |
| amazed | ............ | ............ | ............ |

**2** **Donne le nom de métier qui correspond à chacune de ces actions.**

**1.** ............................ does stunts.
**2.** ............................ makes films.
**3.** ............................ acts in films.
**4.** ............................ makes costumes.
**5.** ............................ designs the set.
**6.** ............................ takes photos.
**7.** ............................ shoots films with a camera.

**3** **Find the verb corresponding to each definition and complete the puzzle.**

**DOWN**

**1.** Go faster in order to do something more quickly.

**3.** Another word for when you "play" in a film.

**5.** A cameraman ........ films.

**7.** You ........ the costumes or the set.

**ACROSS**

**2.** One turns red when one is ........

**4.** Another word for "repair".

# Part 6

# My words

## Les verbes

**act :** jouer (un rôle)
**convince :** convaincre
**design :** créer (un décor ou un costume)
**fix :** réparer
**hurry :** se dépêcher
**make up :** maquiller
**meet :** rencontrer
**play :** jouer (un rôle)
**shoot a film :** tourner un film
**take photos :** prendre des photos
**wear :** porter (un costume, un vêtement)

## Les noms

**an action film :** un film d'action
**an actor / an actress :** un acteur / une actrice
**bandages :** des bandages, des bandelettes
**a broom :** un balai
**a cloak :** une cape
**a costume :** un costume (de spectacle)
**a costume designer :** le costumier, la costumière
**a dress :** une robe
**a film director :** un metteur en scène
**fur :** de la fourrure
**a magic wand :** une baguette magique
**a mummy :** une momie
**a photographer :** un(e) photographe
**a romance :** une histoire d'amour
**ribbon :** du ruban
**a science fiction film :** un film de science fiction
**a set of false teeth :** de fausses dents
**a set designer :** le décorateur, la décoratrice
**a stunt :** une cascade
**a stuntman :** le cascadeur
**a werewolf :** un loup-garou
**a witch :** une sorcière

## Les adjectifs

**amazed :** stupéfait(e)
**amazing :** stupéfiant(e)
**embarrassed :** gêné(e)
**embarrassing :** gênant(e)
**emotional :** émotif(e), émouvant(e)
**moved :** ému(e)
**moving :** émouvant(e)
**mysterious :** mystérieux(se)
**scared / frightened :** effrayé(e)
**scary / frightening :** effrayant(e)
**thrilling :** palpitant(e)

## Les adverbes

**suddenly :** soudain

## Les conjonctions

**when :** quand
**while :** pendant que

## Les expressions

**Answer asap (as soon as possible) :** Réponds-moi dès que possible.
**Guess what!** Tu ne devineras jamais !
**You're kidding!** Tu plaisantes !

### Maintenant je connais :

| | ☹ | 😐 | ☺ |
|---|---|---|---|
| → les mots pour parler des métiers du cinéma et des créatures fantastiques | ☐ | ☐ | ☐ |
| → les adjectifs et les mots pour décrire un film | ☐ | ☐ | ☐ |
| → les expressions pour exprimer la surprise | ☐ | ☐ | ☐ |

# Part 7 Let's party!

## Build up and organize your vocabulary

→ Find help p. 112

Let's party!

**EVENT**
- a birthday
- ..........
- ..........
- ..........
- ..........
- ..........
- ..........

**BEFORE A PARTY**
- send an invitation
- ..........
- ..........
- ..........
- ..........
- ..........
- ..........

**DURING THE PARTY**
- have a drink
- ..........
- ..........
- ..........
- ..........
- ..........
- ..........

**PERSONALITY**
- shy
- ..........
- ..........
- ..........
- ..........
- ..........
- ..........

**CLOTHES**
- a tuxedo
- ..........
- ..........
- ..........
- ..........
- ..........
- ..........

**FOOD**
- cupcakes
- ..........
- ..........
- ..........
- ..........
- ..........
- ..........

Part 7

# Unit 13 A school break-up party

## Discover

Manuel p. 124

### Wordgym

CD CLASSE

**Listen and repeat. Match the type of invitation with the corresponding event.**

a birthday party

a school event

a wedding

going to the movies

- a Facebook invitation
- an email
- a card
- a phone call
- a flyer

### 2

**a Listen and write information about the phone calls.** CD CLASSE

| | 1 | | | 2 | | | 3 | | |
|---|---|---|---|---|---|---|---|---|---|
| Who? | ............ | | | ............ | | | ............ | | |
| What? | ............ | | | ............ | | | ............ | | |
| Answer? | ☐ Yes | ☐ No | ☐ ? | ☐ Yes | ☐ No | ☐ ? | ☐ Yes | ☐ No | ☐ ? |

**b Recognize what the characters say to:**

1. ... start a phone call

..............................................................................................................

2. ... invite someone

..............................................................................................................

3. ... accept / refuse an invitation

..............................................................................................................

4. ... end a phone call

..............................................................................................................

# Read and speak

→ Manuel p. 125

**4** **a** **Focus on: "Let's celebrate the End of the School Year!" Guess if it is:**

☐ a Facebook invitation

☐ an email

☐ a chat

**Your clues:** ..........

**b** **Locate the key information and complete the following card.**

From: ..........

Date: ..........

Where: ..........

Theme party: ..........

..........

Activities: ..........

..........

**c** **Now concentrate on the wall. Guess what it is about. Read and check your answers.**

| Imagine | Your clues |
|---|---|
| .......... ☐ | .......... |
| .......... ☐ | .......... |
| .......... ☐ | .......... |

## My tactics

Sur le mur d'un événement sur Facebook, je m'attends à trouver ..........

Chaque invité va dire : • ..........

• ..........

**d** **Read the comments. Write the characters' names under the corresponding picture.**

.................... .................... .................... ....................

**Now recap!** ....................................................

....................................................

....................................................

**e** **Focus on the figures. Pick five. What do they refer to?**

- .................... → ....................................
- .................... → ....................................
- .................... → ....................................
- .................... → ....................................
- .................... → ....................................

**Store up your vocabulary**

**Trouve l'expression pour dire en anglais :**

**1.** en attente de réponse : ....................................

**2.** participera : ....................................

**3.** ne participera pas : ....................................

## Grammar Memo

Repère dans le texte cinq façons différentes de proposer quelque chose à quelqu'un.

- .................... + .................... + !
- *What* .................... + .................... + ?
- *How* .................... + .................... + ?
- *We / I* .................... + ....................
- *Why don't you +* .................... ?

# Use what you know

→ Manuel p. 126

## 5 Write a few lines

**Prepare the invitation for the class.**

| | | | | | |
|---|---|---|---|---|---|
| • **Who?** | ☐ pupils | ☐ teachers | ☐ parents | | |
| • **Where?** | .......... | | | | |
| • **When?** | .......... | | | | |
| • **How?** | ☐ bus | ☐ train | ☐ ferry | ☐ subway | ☐ bicycle |
| • **Places to visit** | **1.** ..........<br>**2.** ..........<br>**3.** ..........<br>**4.** .......... | | | | |
| • **Extra activities** | .......... | | | | |

## 7 YOUR TASK

**Make a phone call to invite a friend to a birthday party.**

| | Pupil A organizes the party | Pupil B is the guest |
|---|---|---|
| • Starting a phone call | ..........<br>..........<br>..........<br>.......... | ..........<br>..........<br>..........<br>.......... |
| • Inviting a friend | ..........<br>.......... | ..........<br>.......... |
| • Accepting or declining and saying why | .......... | .......... |
| • Asking for help / Making suggestions | ..........<br>..........<br>.......... | ..........<br>..........<br>.......... |
| • Ending the phone call | ..........<br>.......... | ..........<br>.......... |

# Homework

**Exercice 1**

**C'est bientôt l'anniversaire de Kylie.
Pose 5 questions pour savoir ce qu'elle aimerait faire ce jour-là.
Utilise au moins 3 expressions différentes.**

1. Organize a party.

....................................................................................................... ?

2. Stay at home with her family.

....................................................................................................... ?

3. Play board games with Jennifer and Max.

....................................................................................................... ?

4. Go to the movies.

....................................................................................................... ?

5. Have a picnic in a park.

....................................................................................................... ?

**Exercice 2**

**Jack s'ennuie. Propose-lui des activités.**

1. .......................................................................................................
2. .......................................................................................................
3. .......................................................................................................
4. .......................................................................................................
5. .......................................................................................................

# Quick check

→ Manuel p. 125

**1 Observe le document et réponds aux questions.**

SCHOOL BREAK-UP PARTY

Thursday, June 18

Please arrive between 6:30 and 7p.m. Transport has been arranged and we will depart at 7:30!

We will return by 1:00 p.m. Friday.

DJ, sleepover, ice-cream, sundae bar, swimming!!!

Bring a sleeping bag, bathing suit, towel and your party hat!!

Bus will pick up at Jessica's home 2222 Sweet Success Lane

RSVP to amy@libeansprout.com

**a.** De quoi s'agit-il ? ..........

**b.** Quelles informations essentielles trouve-t-on dans ce document ?

..........

**c.** Quelles activités seront proposées ? Que doit-on apporter ?

..........

..........

☐ **Je sais reconnaître la nature d'un document et repérer les informations essentielles.**

**2 Écris un mail afin de remercier pour une invitation à une fête et l'accepter. Suggère à ton ami(e) trois choses que vous pourriez faire pour préparer l'événement.**

From: ..........

to: ..........

Subject: ..........

..........

..........

..........

..........

..........

☐ **Je sais répondre à une invitation et faire des suggestions.**

# Unit 14 Party time!

## Discover

→ Manuel p. 130

### Wordgym

Listen and repeat, then match the name of the character with the corresponding word.

| greedy | talkative | pretentious | anxious | jealous | shy |
|---|---|---|---|---|---|
| Ben | Lucy's boyfriend | David | Mary | Steve | Mark |

### 2 Listen and fill in the speech bubbles.

I'd like ..........................................................
..........................................................
..........................................................

..........................................................
..........................................................
..........................................................

You ..................................
..................................
..................................
..................................
..................................

You ..................................................
..................................................

You ..................................
..................................
..................................
..................................
..................................

# Listen and speak

CD ÉLÈVE PISTE 17 → Manuel p. 131

**4** **a** **Concentrate on picture 1 in your book p. 131. Imagine where they are and why. Then listen and check your answers.**

| Who? | Where? | Listen and check your answers |
|---|---|---|
| ............ | ............ | ............ |
| ............ | ............ | ............ |
| ............ | ............ | ............ |

**b** **Now focus on Marisa and Scarlett. Listen and take notes.**

- ............
- ............
- ............

- ............
- ............
- ............

**c** **Focus on Mercer and Alston. What are their problems? Listen and take notes.**

- ............
............
- ............
............

- ............
............
- ............
............

**d** **Now look at picture 4. Name the characters. Explain what the problem is.**

Name: ..............................
Feelings: ..............................
Why? ..............................
..............................
..............................

Name: ..............................
Feelings: ..............................
Why? ..............................
..............................

Name: ..............................
Feelings: ..............................
Why? ..............................
..............................
..............................

Names: ..............................
..............................
Feelings: ..............................
Why? ..............................
..............................

**Store up your vocabulary**

**1. Regarde l'image et note l'expression apprise dans la conversation.**

..............................

**2. Comment dis-tu ?**

- Faites comme chez vous ! ..............................
- Servez-vous ! ..............................

## Grammar Memo

**a** Pour dire à quelqu'un ce qu'il devrait faire, tu utilises :

.............................. + ..............................

- Pour dire à quelqu'un ce qu'il ne devrait pas faire, tu utilises :

.............................. + ..............................

**b** J'utilise *much* et *many* pour exprimer une .............................. quantité de quelque chose.

- *Much* est suivi d'un nom ..............................
- *Many* est suivi d'un nom ..............................

# Use what you know

→ Manuel p. 132

## 6 Write a few lines

**Nigel is invited to a party and he's very anxious. Write a note to give him advice.**

**Use:** *buy clothes, go to the hairdresser's, call the host, go with friends…*

........................................................................................................................

........................................................................................................................

........................................................................................................................

........................................................................................................................

........................................................................................................................

## 7 YOUR TASK

**Write a message to give a friend tips on how to organize a party.**

**1. Prepare your message.**

- Theme of the party: ........................................................................................
- Things you need for a successful party: ........................................................................

........................................................................................................................

**Tips**

| What he / she should do | What he / she shouldn't do |
| --- | --- |
| ............................................ | ............................................ |
| ............................................ | ............................................ |
| ............................................ | ............................................ |

**2. Write your message.**

........................................................................................................................

........................................................................................................................

........................................................................................................................

........................................................................................................................

........................................................................................................................

# Homework

**Exercice 1**

**Complète ces phrases avec *should* ou *shouldn't*.**

1. They .............................................. organize a party after the exams.
2. We .............................................. go to this party. We don't know the guests.
3. She .............................................. sing a song for her Mum's birthday. She's a really good singer.
4. You .............................................. eat sweets. Remember what the dentist told you!
5. I .............................................. stay at home today. I have a cold.

**Exercice 2**

**À partir des mots donnés, note les conseils qu'Alison donne à ses amis.**

1. David / send an email

..............................................................................................................................................

2. Kevin / organize a party

..............................................................................................................................................

3. Kelly / worry about the party

..............................................................................................................................................

4. Josh / stay alone

..............................................................................................................................................

5. Karen and Zac / dance

..............................................................................................................................................

**Exercice 3**

**Karen fait des commentaires sur le buffet. Complète ses phrases avec *much* ou *many*.**

1. There isn't .................................. soda left.
2. There are .................................. bottles on the tables.
3. There aren't .................................. sandwiches left.
4. I don't have .................................. time. Where are the apple pies?
5. He shouldn't eat so .................................. pizza.

# Quick check

→ Manuel p. 131

## 1 Écoute et retrouve les mots qui sont masqués par des bruits.

1. ..................................................

2. ..................................................

3. ..................................................

4. ..................................................

☐ Je sais déduire un mot à partir du contexte.

## 2 Écoute et repère les conseils donnés à Emma par ses parents.

| Emma's father's tips | Emma's mother's tips |
| --- | --- |
| .................................... | .................................... |
| .................................... | .................................... |
| .................................... | .................................... |
| .................................... | .................................... |

☐ Je sais comprendre des conseils.

## 3 Donne des conseils à ta classe pour organiser un pique-nique.

..................................................

..................................................

..................................................

..................................................

..................................................

..................................................

..................................................

..................................................

..................................................

..................................................

..................................................

..................................................

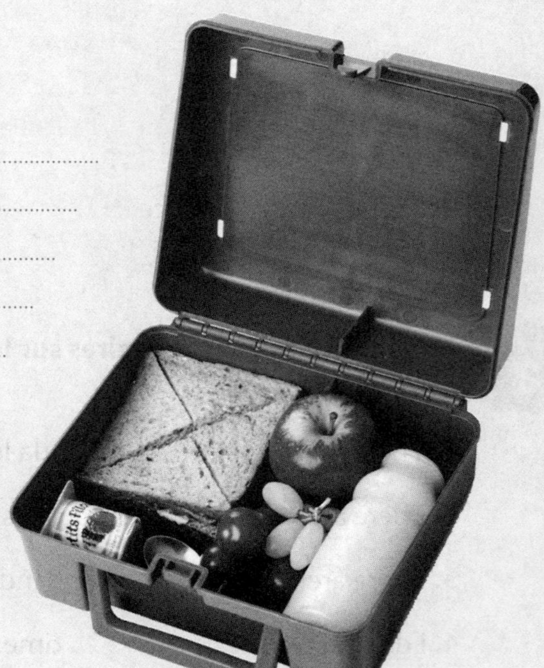

☐ Je sais donner des conseils.

# Part 7

## Using new words

→ Tous les mots recherchés sont dans *My words* p. 112.

**1 Trouve les mots correspondant aux définitions suivantes :**

**1.** I didn't .................................... her an invitation because she didn't invite me to her party last month!

**2.** I think I will .................................... his party because we always have fun with him!

**3.** This girl is so .................................... . She stays alone and she doesn't talk to boys.

**4.** You should .................................... the music .................................... or the neighbours will call the police!

**2 Retrouve un synonyme de :**

**1.** sociable = ....................................

**2.** super = ....................................

**3.** beautiful = ....................................

**3 Retrouve le contraire de :**

**1.** difficult ≠ ....................................

**2.** confident ≠ ....................................

**3.** expensive ≠ ....................................

**4 Associe ces mots à au moins quatre autres mots qui ont une relation logique avec eux.**

Exemple : *An invitation* → *a card, send, an event, accept, refuse*

**1.** a party → ....................................

**2.** clothes → ....................................

**3.** food → ....................................

**4.** music → ....................................

**5 Que dirais-tu dans les circonstances suivantes ?**

**1.** Vous faites entrer des invités : ....................................

**2.** Vous aimeriez qu'ils se sentent à l'aise chez vous : ....................................

**3.** Vous êtes content que votre ami ait pu se libérer : ....................................

**4.** Vous encouragez un ami à faire quelque chose : ....................................

# Part 7

# My words

## Les verbes

**accept :** accepter
**attend :** assister
**check :** vérifier
**greet :** saluer
**have a drink (had) :** prendre un verre
**have a good time (had) :** s'amuser
**invite :** inviter
**match :** être assorti(e) / aller bien ensemble
**participate in :** participer à
**ring (rang) :** sonner
**send (sent) :** envoyer
**sing (sang) :** chanter
**turn down :** baisser (la musique)
**wear (wore) :** porter

## Les adjectifs

**alone :** seul(e)
**anxious :** angoissé(e)
**awesome :** génial(e)
**cheap :** bon marché
**confident :** sûr(e) de soi
**easy :** facile
**friendly :** amical(e), sympa
**loud :** fort(e)
**pretty :** joli(e)
**shy :** timide
**sick (US) :** malade
**sociable :** sociable, ouvert(e)
**tight :** serré(e)
**worried :** inquiet(e)

## Les noms

**a band :** un groupe
**an evening dress :** une robe de soirée
**an event :** un événement
**a flag :** un drapeau
**a gift :** un cadeau
**a guest :** un(e) invité(e)
**a jacket :** une veste
**make-up :** du maquillage
**a meal :** un repas
**a neighbour (GB) / neighbor (US) :** un(e) voisin(e)
**a party :** une fête
**a phone call :** un coup de téléphone
**a suit :** un costume
**a theme party :** une fête / soirée à thème
**a tie :** une cravate

## Les mots interrogatifs

**Which one?** Lequel, laquelle ?

## Les expressions

**Come on in!** Entrez donc !
**Happy you could make it!** Ravi(e) que tu aies pu venir !
**Have a go!** Lance-toi ! Essaie !
**Let me know!** Tiens-moi au courant !
**Make yourself at home!** Fais comme chez toi !

## Maintenant je sais :

| | ☹ | 😐 | ☺ |
|---|---|---|---|
| → faire des suggestions | ☐ | ☐ | ☐ |
| → demander ou donner des conseils | ☐ | ☐ | ☐ |
| → refuser ou accepter une invitation | ☐ | ☐ | ☐ |

# Mes fiches de compétences

| # ÉCOUTER | Je note avec mon professeur les activités du manuel et du workbook qui correspondent : |
| --- | --- |
| **Part 1** | |
| • Repérer des informations sur la famille, les amis, les goûts de quelqu'un. | ........................ |
| • Comprendre où se passe un événement. | ........................ |
| • Comprendre où se situent les éléments dans une ville, dans un magasin. | ........................ |
| • Comprendre des projets de visite et les repérer sur une carte. | ........................ |
| **Part 2** | |
| • Repérer les verbes d'action. | ........................ |
| • Comprendre ce qui est en train de se passer. | ........................ |
| • Repérer le ton et les sentiments. | ........................ |
| • Repérer les noms d'animaux et les parties du corps. | ........................ |
| • Comprendre à qui appartient un objet. | ........................ |
| • Repérer les adjectifs possessifs. | ........................ |
| **Part 3** | |
| • Repérer le lexique lié aux animaux. | ........................ |
| • Repérer les verbes d'action liés aux animaux. | ........................ |
| • Comprendre des informations sur les habitudes de vie des animaux. | ........................ |
| • Comprendre les intentions et les recommandations de quelqu'un. | ........................ |
| **Part 4** | |
| • Repérer quand un événement a eu lieu. | ........................ |
| • Comprendre l'essentiel d'un événement passé. | ........................ |
| • Comprendre la chronologie d'un événement passé. | ........................ |
| • Repérer dans une conversation à qui appartiennent des objets. | ........................ |

| peux comprendre une intervention brève si elle est claire et simple. •eux comprendre assez d'expressions de mots très fréquents pour pouvoir répondre à des besoins concrets ou réaliser une tâche ayant trait à un sujet courant. A1+ / A2 ☹ | 😐 | ☺ | Pour m'améliorer, je relis et je retravaille : |
|---|---|---|---|
| ☐ | ☐ | ☐ | • Discover 1 et 2 p. 16; Listen and speak p. 17; Discover 2 p. 22 Wordgym WB p. 9; English Lab p 19; Quick check 2 WB p. 14 |
| ☐ | ☐ | ☐ | • Discover 3 p.16; Tactics p. 17; Quick check 1 WB p. 14 |
| ☐ | ☐ | ☐ | • Discover 1 et 2 p. 22; Wordgym WB p. 15 |
| ☐ | ☐ | ☐ | • Listen and Speak p. 23; Quick check 1 WB p. 20 |
| ☐ | ☐ | ☐ | • Discover 1 p. 34; Wordgym WB p. 24 |
| ☐ | ☐ | ☐ | • Discover 2 p. 34; Listen and speak p. 35; Quick check 2 WB p. 29; |
| ☐ | ☐ | ☐ | • Discover 3 p. 34; Tactics p. 35; Quick check WB 1 p. 29 |
| ☐ | ☐ | ☐ | • Discover 1 p. 40 |
| ☐ | ☐ | ☐ | • Discover 2 p. 40 |
| ☐ | ☐ | ☐ | • English Lab p. 43 |
| ☐ | ☐ | ☐ | • Discover 1 p. 52; Wordgym WB p. 39 |
| ☐ | ☐ | ☐ | • Discover 3 p. 58; Wordgym WB p. 45 |
| ☐ | ☐ | ☐ | • Discover 2 p. 52; Listen and speak p. 53 |
| ☐ | ☐ | ☐ | • Discover 2 p. 58; Listen and speak p. 59 |
| ☐ | ☐ | ☐ | • Discover 3 p. 76; Tactics p. 77 |
| ☐ | ☐ | ☐ | • Discover 2 p. 70; Quick check 2 WB p. 59; Speak for a minute p. 78 |
| ☐ | ☐ | ☐ | • Listen and speak p. 77; Tactics p. 77 |
| ☐ | ☐ | ☐ | • Quick check 2 WB p. 65 |

•••

| | | |
|---|---|---|
| Part 5 | • Repérer le lexique lié à l'aventure. | ........................ |
| | • Comprendre des prévisions et des comparaisons dans un bulletin météo. | ........................ |
| | • Comprendre des événements futurs. | ........................ |
| | • Repérer la contraction de *will* à l'oral. | ........................ |
| | • Repérer des noms de lieux et des éléments géographiques. | ........................ |
| | • Comprendre des records. | ........................ |
| | • Comprendre ce que l'on devra faire ou pas. | ........................ |
| Part 6 | • Comprendre un problème et ce que quelqu'un a dû faire pour le résoudre. | ........................ |
| | • Repérer le lexique des métiers du cinéma et des accessoires liés à des rôles. | ........................ |
| | • Comprendre les circonstances d'un événement passé. | ........................ |
| | • Comprendre les réactions d'un interlocuteur qui exprime sa surprise. | ........................ |
| Part 7 | • Comprendre une conversation téléphonique. | ........................ |
| | • Reconstituer le sens d'un message malgré des nuisances sonores. | ........................ |
| | • Comprendre des conseils et des suggestions. | ........................ |
| | • Comprendre l'essentiel d'une émission de radio. | ........................ |

| | | | |
|---|---|---|---|
| ☐ | ☐ | ☐ | • Discover 1 p. 88; Discover 1 p. 94 |
| ☐ | ☐ | ☐ | • Discover 2 p. 88; Wordgym WB p. 69; Quick check 1 WB p. 74 |
| ☐ | ☐ | ☐ | • Listen and speak p. 89 |
| ☐ | ☐ | ☐ | • English Lab p. 91 |
| ☐ | ☐ | ☐ | • Tactics p. 89; Wordgym WB p. 75 |
| ☐ | ☐ | ☐ | • Discover 2 p. 94; Listen and speak p. 95 |
| ☐ | ☐ | ☐ | • Listen and speak p. 95 |
| ☐ | ☐ | ☐ | • Discover 2 p. 106; Quick check 1 WB p. 89 |
| ☐ | ☐ | ☐ | • Discover 1 p. 106; Discover 1 p. 112; Wordgym WB p. 90 |
| ☐ | ☐ | ☐ | • Discover 2 p. 112; Listen and speak p. 113 |
| ☐ | ☐ | ☐ | • English Lab p. 115 |
| ☐ | ☐ | ☐ | • Discover 2 p. 124 |
| ☐ | ☐ | ☐ | • Discover 3 p. 130; Tactics p. 131; Quick check 1 WB p. 110 |
| ☐ | ☐ | ☐ | • Listen and speak p. 131; Quick check 2 WB p. 110 |
| ☐ | ☐ | ☐ | • Discover 2 p. 130 |

| LIRE | Je note avec mon professeur les activités du manuel et du workbook qui correspondent : |
|---|---|
| **Part 1** • Comprendre un mail ou une carte postale de quelqu'un qui se présente. | ........................................ |
| • Comprendre un arbre généalogique. | ........................................ |
| • Comprendre le plan d'une ville. | ........................................ |
| **Part 2** • Comprendre la description de scènes de vie. | ........................................ |
| • Comprendre des messages électroniques (chat, mail). | ........................................ |
| • Comprendre à qui appartient quelque chose. | ........................................ |
| **Part 3** • Comprendre des petites annonces. | ........................................ |
| • Comprendre des informations sur les activités de quelqu'un. | ........................................ |
| • Comprendre des recommandations. | ........................................ |
| • Comprendre les intentions de quelqu'un. | ........................................ |
| **Part 4** • Comprendre la chronologie d'événements passés dans un article de journal. | ........................................ |
| • Repérer les différentes composantes d'un article de presse. | ........................................ |
| • Repérer des mots « transparents » (qui ressemblent au français) et en déduire le sens. | ........................................ |
| • Comprendre un court article ou un rapport de police sur des événements passés. | ........................................ |
| **Part 5** • Comprendre un mail évoquant des projets de vacances. | ........................................ |
| • Comprendre les projets d'une exploratrice sur son blog. | ........................................ |
| • Comprendre l'essentiel d'une brochure publicitaire. | ........................................ |
| **Part 6** • Repérer les verbes de parole et les attribuer à un personnage. | ........................................ |
| • Comprendre ce que quelqu'un a dû ou pu faire dans une situation donnée. | ........................................ |
| • Comprendre ce qui s'est passé et dans quelles circonstances. | ........................................ |
| **Part 7** • Comprendre une invitation sur Facebook. | ........................................ |
| • Comprendre l'essentiel d'une invitation. | ........................................ |
| • Comprendre le courrier des lecteurs d'un magazine. | ........................................ |

| peux comprendre des textes courts et simples. Je peux trouver une information particulière dans des documents courants et suivre la trame d'une histoire. A1+ / A2 | | | Pour m'améliorer, je relis et je retravaille : |
|---|---|---|---|
| ☹ | 😐 | ☺ | |
| ☐ | ☐ | ☐ | • Speak for a minute p. 18; Quick check 3 WB p. 14 |
| ☐ | ☐ | ☐ | • Discover 1 p. 16; Homework 2 WB p. 13 |
| ☐ | ☐ | ☐ | • Discover 1 p. 22; Listen and speak WB p. 16 |
| ☐ | ☐ | ☐ | • Speak for a minute p. 36; Practise your grammar p. 38; Quick check 3 WB p. 29 |
| ☐ | ☐ | ☐ | • Discover 3 p. 40; Read and speak p. 41; Quick check 1 WB p. 35 |
| ☐ | ☐ | ☐ | • Read and speak p. 41 |
| ☐ | ☐ | ☐ | • Speak for a minute p. 54 |
| ☐ | ☐ | ☐ | • Practice your grammar p. 56; Quick check 2 WB p. 44 |
| ☐ | ☐ | ☐ | • Discover 1 p. 58; Homework WB p. 49 |
| ☐ | ☐ | ☐ | • Quick check WB p. 50 |
| ☐ | ☐ | ☐ | • Read and speak p. 71 |
| ☐ | ☐ | ☐ | • Discover 1 p. 70; Practise your vocabulary p. 74 |
| ☐ | ☐ | ☐ | • Discover 3 p. 70 |
| ☐ | ☐ | ☐ | • Write a few lines p. 78; Quick check 1 WB p. 59; Quick check 3 WB p. 65 |
| ☐ | ☐ | ☐ | • Speak in pairs p. 90 |
| ☐ | ☐ | ☐ | • Write a few lines p. 96 |
| ☐ | ☐ | ☐ | • Speak for a minute 6 p. 96 |
| ☐ | ☐ | ☐ | • Discover 3 p. 106 |
| ☐ | ☐ | ☐ | • Read and speak p. 107; Quick check 3 WB p. 89 |
| ☐ | ☐ | ☐ | • Discover 3 p. 112 |
| ☐ | ☐ | ☐ | • Read and speak p. 125 |
| ☐ | ☐ | ☐ | • Discover 3 p. 124 |
| ☐ | ☐ | ☐ | • Speak in pairs p. 132 |

# PARLER EN CONTINU

| | PARLER EN CONTINU | Je note avec mon professeur les activités du manuel et du workbook qui correspondent : |
|---|---|---|
| Part 1 | • Présenter sa famille et ses amis. | ........................................ |
| | • Parler des goûts de quelqu'un. | ........................................ |
| | • Présenter une ville, dire ce que l'on peut y faire. | ........................................ |
| Part 2 | • Raconter ce qui est en train de se passer. | ........................................ |
| | • Prononcer une phrase en tenant compte de sa tonalité. | ........................................ |
| | • Prononcer correctement les formes faibles (prépositions). | ........................................ |
| | • Parler de ce que l'on possède. | ........................................ |
| Part 3 | • Présenter un animal et parler de ses habitudes de vie. | ........................................ |
| | • Parler des sentiments de quelqu'un. | ........................................ |
| | • Parler des intentions de quelqu'un. | ........................................ |
| | • Faire des recommandations à quelqu'un. | ........................................ |
| Part 4 | • Raconter un événement passé. | ........................................ |
| | • Dire quand un événement a eu lieu. | ........................................ |
| | • Contredire un fait passé et rétablir la vérité. | ........................................ |
| | • Expliquer à qui appartient un objet volé. | ........................................ |
| Part 5 | • Faire des prévisions météorologiques. | ........................................ |
| | • Parler de l'avenir. | ........................................ |
| | • Comparer des éléments. | ........................................ |
| | • Parler du caractère exceptionnel de quelqu'un. | ........................................ |
| | • Parler de ce que l'on devra et de ce que l'on sera capable de faire. | ........................................ |
| Part 6 | • Expliquer ce que quelqu'un a dû faire. | ........................................ |
| | • Décrire ce qui était en train de se passer. | ........................................ |
| | • Prononcer correctement les phrases exclamatives. | ........................................ |
| Part 7 | • Dire ce que l'on aimerait faire. | ........................................ |
| | • Demander conseil à quelqu'un. | ........................................ |
| | • Prononcer correctement les mots comportant des lettres muettes. | ........................................ |

| …eux reproduire un court modèle oral, …e à haute voix de manière expressive, …senter des personnes de façon simple, …écrire ma vie quotidienne, raconter une histoire, présenter un projet, fournir une justification.<br>A1+ / A2<br>☹ | 😐 | ☺ | Pour m'améliorer, je relis et je retravaille : |
|---|---|---|---|
| ☐ | ☐ | ☐ | • Discover 1 et 2 p. 16; Listen and speak p. 17; Practise your pronunciation p. 26 |
| ☐ | ☐ | ☐ | • Discover 2 p. 22; English Lab p. 25; Wordgym WB p. 15; Quick check WB p. 20 |
| ☐ | ☐ | ☐ | • Discover 2 p. 22; Listen and speak p. 23 |
| ☐ | ☐ | ☐ | • Discover 2 p. 34; Listen and speak p. 35; Speak for a minute p. 36 |
| ☐ | ☐ | ☐ | • Discover 3 p. 34 |
| ☐ | ☐ | ☐ | • English Lab p. 37; Practise your pronunciation 5 p. 38 |
| ☐ | ☐ | ☐ | • Discover 2 p. 40; Read and speak p. 41; Grammar 3 p. 43 |
| ☐ | ☐ | ☐ | • Speak for a minute p. 54; Listen and speak p. 43 |
| ☐ | ☐ | ☐ | • Discover 3 p. 58 |
| ☐ | ☐ | ☐ | • Discover 2 p. 58; Practice your grammar p. 62 |
| ☐ | ☐ | ☐ | • Your task WB p. 49; Homework WB p. 49 |
| ☐ | ☐ | ☐ | • Discover 2 p. 70; Read and speak p. 71 |
| ☐ | ☐ | ☐ | • Discover 3 p. 76 |
| ☐ | ☐ | ☐ | • Speak for a minute p. 78 |
| ☐ | ☐ | ☐ | • Discover 2 p. 76 |
| ☐ | ☐ | ☐ | • Discover 2 p. 88; Your task p. 90 |
| ☐ | ☐ | ☐ | • Listen and speak p. 89; Discover 3 p. 88 |
| ☐ | ☐ | ☐ | • Speak for a minute 6 p. 90 |
| ☐ | ☐ | ☐ | • Listen and speak p. 95 |
| ☐ | ☐ | ☐ | • Speak for a minute p. 96 |
| ☐ | ☐ | ☐ | • Discover 2 p. 106; Read and speak p. 107 |
| ☐ | ☐ | ☐ | • Listen and speak p. 113; Speak for a minute p. 114 |
| ☐ | ☐ | ☐ | • English Lab, p. 115; Homework p. 94 |
| ☐ | ☐ | ☐ | • Discover 1 et 2 p. 124; Practise your pronunciation p. 128 |
| ☐ | ☐ | ☐ | • Discover 1 et 2 p. 130; Practise your grammar p. 134 |
| ☐ | ☐ | ☐ | • English lab p. 133 |

| # PARLER EN INTERACTION | Je note avec mon professeur les activités du manuel et du workbook qui correspondent : |
|---|---|
| **Part 1**<br>• Se renseigner sur l'identité de quelqu'un.<br>• Questionner quelqu'un sur ce qu'il aime faire ou pas, sur ses activités préférées.<br>• Interroger quelqu'un sur sa famille. | ..........<br>..........<br>.......... |
| **Part 2**<br>• Questionner quelqu'un sur ce qui se passe.<br>• Poser des questions sur le propriétaire d'un animal, d'un objet, d'un lieu. | ..........<br>.......... |
| **Part 3**<br>• Se renseigner sur un animal.<br>• Interroger quelqu'un sur ses intentions.<br>• Faire des recommandations à quelqu'un. | ..........<br>..........<br>.......... |
| **Part 4**<br>• Discuter de ce qui s'est réellement passé.<br>• Interroger quelqu'un sur des faits passés. | ..........<br>.......... |
| **Part 5**<br>• Interroger quelqu'un sur ses projets de vacances.<br>• Réagir et expliquer à quelqu'un ce qu'il devra faire.<br>• Questionner quelqu'un sur ses connaissances en géographie. | ..........<br>..........<br>.......... |
| **Part 6**<br>• Interroger quelqu'un sur ce qu'il a dû faire dans l'exercice de son métier.<br>• Émettre des hypothèses sur les circonstances d'un événement.<br>• Réagir à un récit en exprimant la surprise, le dégoût… | ..........<br>..........<br>.......... |
| **Part 7**<br>• Faire des propositions et suggestions à quelqu'un.<br>• Réagir à des projets.<br>• Exposer un problème à quelqu'un et recevoir des conseils. | ..........<br>..........<br>.......... |

| peux interagir de façon simple avec débit adapté et des reformulations : ablir un contact social, demander et urnir des renseignements, dialoguer r des sujets connus et des situations ourantes, réagir à des propositions. A1+ / A2 | | | Pour m'améliorer, je relis et je retravaille : |
|---|---|---|---|
| ☹ | 😐 | ☺ | |
| ☐ | ☐ | ☐ | • Speak in pairs p. 18; Your task p. 18 |
| ☐ | ☐ | ☐ | • Speak in pairs p. 24; Your task p. 24; Grammar p. 25; Grammar p. 19 |
| ☐ | ☐ | ☐ | • Final task p. 29 |
| ☐ | ☐ | ☐ | • Speak in pairs  p. 36; Your task p. 36; Grammar 2 p. 37 |
| ☐ | ☐ | ☐ | • Speak in pairs 5 p. 42; Your task p. 42 |
| ☐ | ☐ | ☐ | • Speak in pairs p. 54 |
| ☐ | ☐ | ☐ | • Speak in pairs p. 60 |
| ☐ | ☐ | ☐ | • Your task p. 60 |
| ☐ | ☐ | ☐ | • Speak in pairs p. 72; Grammar p. 73; Final task p. 83 |
| ☐ | ☐ | ☐ | • Your task p. 78; Grammar p. 79 |
| ☐ | ☐ | ☐ | • Speak in pairs p. 90; Practise your grammar 5 p. 92 |
| ☐ | ☐ | ☐ | • Grammar p. 97 |
| ☐ | ☐ | ☐ | • Your task p. 96 |
| ☐ | ☐ | ☐ | • Speak in pairs p. 108; Grammar p. 109 |
| ☐ | ☐ | ☐ | • Speak in pairs p. 114 |
| ☐ | ☐ | ☐ | • Grammar p. 115; Homework WB p. 94 |
| ☐ | ☐ | ☐ | • Speak in pairs p. 126; Grammar p. 127; Practice your grammar p. 128 |
| ☐ | ☐ | ☐ | • Your task p. 126 |
| ☐ | ☐ | ☐ | • Your task p. 132 |

| ÉCRIRE | Je note avec mon professeur les activités du manuel et du workbook qui correspondent : |
|---|---|
| **Part 1** | |
| • Préparer des questions sur l'identité de quelqu'un. | ........................ |
| • Préparer des questions sur les goûts et les activités de quelqu'un. | ........................ |
| • Écrire une carte postale pour décrire une ville. | ........................ |
| **Part 2** | |
| • Décrire une action que l'on doit mimer. | ........................ |
| • Décrire ce qui est en train de se passer. | ........................ |
| • Écrire sur ce que l'on possède. | ........................ |
| • Utiliser les pronoms personnels qui conviennent. | ........................ |
| • Imaginer et décrire une chimère. | ........................ |
| **Part 3** | |
| • Rédiger un article pour présenter un animal. | ........................ |
| • Rédiger un mail pour donner les caractéristiques d'un animal. | ........................ |
| • Rédiger une liste de recommandations. | ........................ |
| **Part 4** | |
| • Rédiger un court article de journal pour raconter un événement. | ........................ |
| • Réécrire un article en évitant les répétitions. | ........................ |
| • Contredire par écrit des faits passés. | ........................ |
| **Part 5** | |
| • Préparer un bulletin météo. | ........................ |
| • Décrire par écrit ses projets. | ........................ |
| • Décrire le caractère exceptionnel de quelque chose. | ........................ |
| • Établir des comparaisons. | ........................ |
| • Écrire un message d'encouragement. | ........................ |
| **Part 6** | |
| • Raconter ce que l'on a dû faire dans un mail. | ........................ |
| • Rédiger un mot d'excuse. | ........................ |
| • Raconter les circonstances d'une rencontre amoureuse. | ........................ |
| • Rédiger un scénario à partir d'une bande son ou d'images. | ........................ |
| **Part 7** | |
| • Rédiger une invitation et suggérer des activités. | ........................ |
| • Donner des conseils à quelqu'un. | ........................ |

| peux écrire des énoncés simples et ·efs : copier des textes courts, écrire ıs la dictée des expressions connues, ·rire un message simple, faire le récit les événements, d'une expérience ersonnelle ou imaginée en reliant le manière autonome des phrases ·ntre elles, écrire un court poème. A1+ / A2 | | | Pour m'améliorer, je relis et je retravaille : |
|---|---|---|---|
| ☹ | 😐 | ☺ | |
| ☐ | ☐ | ☐ | • Quick check 2 WB p. 20 |
| ☐ | ☐ | ☐ | • Grammar p. 19 (les verbes de goûts) |
| ☐ | ☐ | ☐ | • Quick check 3 WB p. 20 |
| ☐ | ☐ | ☐ | • Your task p. 36 |
| ☐ | ☐ | ☐ | • Final task p. 47; Practise your grammar 3 et 4 p. 38 |
| ☐ | ☐ | ☐ | • Quick check 2 WB p. 35 |
| ☐ | ☐ | ☐ | • Quick check 3 WB p. 35 |
| ☐ | ☐ | ☐ | • Your task p. 42 |
| ☐ | ☐ | ☐ | • Your task p. 54 |
| ☐ | ☐ | ☐ | • Quick check WB p. 44 |
| ☐ | ☐ | ☐ | • Write a few lines p. 60 |
| ☐ | ☐ | ☐ | • Your task p. 72; Quick check WB p. 59 |
| ☐ | ☐ | ☐ | • Write a few lines p. 78 |
| ☐ | ☐ | ☐ | • Quick check 3 WB p. 65 |
| ☐ | ☐ | ☐ | • Discover 2 p. 88; Your task p. 90 |
| ☐ | ☐ | ☐ | • Quick check 3 p. 80 |
| ☐ | ☐ | ☐ | • Final task p. 101 |
| ☐ | ☐ | ☐ | • Quick check 3 WB p. 74 |
| ☐ | ☐ | ☐ | • Write a few lines p. 96 |
| ☐ | ☐ | ☐ | • Write a few lines p.108 |
| ☐ | ☐ | ☐ | • Quick check 2 WB p.89 |
| ☐ | ☐ | ☐ | • Your task p.114; Quick check 2 WB p.95 |
| ☐ | ☐ | ☐ | • Final task p.119; Quick check 3 WB p.95 |
| ☐ | ☐ | ☐ | • Write a few lines p. 126; Grammar p. 127; Practise your grammar p. 128; Quick check 2 WB p. 104 |
| ☐ | ☐ | ☐ | • Write a few lines p. 132; Grammar p. 133; Quick check 3 p. 110 |

# Les verbes irréguliers

| infinitif | | prétérit | | traduction |
|---|---|---|---|---|
| **be** | /biː/ | (I/she/he/it) was<br>(you/we/they) were | /wɒz/<br>/wɜː/ | *être* |
| **buy** | /baɪ/ | bought | /bɔːt/ | *acheter* |
| **can** | /kæn/ | could | /kʊd/ | *pouvoir* |
| **choose** | /tʃuːz/ | chose | /tʃəʊz/ | *choisir* |
| **come** | /kʌm/ | came | /keɪm/ | *venir* |
| **do** | /duː/ | did | /dɪd/ | *faire* |
| **drink** | /drɪŋk/ | drank | /dræŋk | *boire* |
| **eat** | /iːt/ | ate | /eit/ | *manger* |
| **fall** | /fɔːl/ | fell | /fel/ | *tomber* |
| **feed** | /fiːd/ | fed | /fed/ | *nourrir* |
| **fight** | /faɪt/ | fought | /fɔːt/ | *se battre* |
| **find** | /faɪnd/ | found | /faʊnd/ | *trouver* |
| **get** | /get/ | got | /gɒt/ | *obtenir, devenir, recevoir* |
| **give** | /gɪv/ | gave | /geɪv/ | *donner* |
| **go** | /gəʊ/ | went | /went/ | *aller* |
| **have** | /hæv/ | had | /hæd/ | *avoir* |
| **hear** | /hɪəʳ/ | heard | /hɜːd/ | *entendre* |
| **hold** | /həʊld/ | held | /held/ | *tenir* |
| **keep** | /kiːp/ | kept | /kept/ | *garder* |
| **leave** | /liːv/ | left | /left/ | *partir* |
| **meet** | /miːt/ | met | /met/ | *rencontrer* |
| **make** | /meɪk/ | made | /meɪd/ | *fabriquer* |
| **run** | /rʌn/ | ran | /ræn/ | *courir* |
| **say** | /seɪ/ | said | /sed/ | *dire* |
| **see** | /siː/ | saw | /sɔː/ | *voir* |
| **send** | /send/ | sent | /sent/ | *envoyer* |
| **strike** | /straɪk/ | struck | /strʌk/ | *frapper* |
| **swim** | /swim/ | swam | /swæm/ | *nager* |
| **take** | /teɪk/ | took | /tʊk/ | *prendre* |
| **think** | /θɪŋk/ | thought | /θɔːt/ | *penser* |
| **write** | /raɪt/ | wrote | /rəʊt/ | *écrire* |

# Les nombres

| | cardinaux | | ordinaux | |
|---|---|---|---|---|
| 1 | one | | the first | |
| 2 | two | | the **se**cond | /sekənd/ |
| 3 | three | /θriː/ | the third | /θɜːd/ |
| 4 | four | | the fourth | |
| 5 | five | /faɪv/ | the fifth | /fɪfθ/ |
| 6 | six | | the sixth | /sɪksθ/ |
| 7 | **se**ven | | the **se**venth | |
| 8 | eight | /eɪt/ | the eighth | /eɪtθ/ |
| 9 | nine | /naɪn/ | the ninth | /naɪnθ/ |
| 10 | ten | | the tenth | |
| 11 | e**le**ven | | the e**le**venth | |
| 12 | twelve | | the twelfth | /twelfθ/ |
| 13 | thir**teen** | | the thir**teenth** | |
| 14 | four**teen** | | the four**teenth** | |
| 15 | fif**teen** | /fɪftiːn/ | the fif**teenth** | |
| 16 | six**teen** | | the six**teenth** | |
| 17 | seven**teen** | | the seven**teenth** | |
| 18 | eigh**teen** | | the eigh**teenth** | |
| 19 | nine**teen** | | the nine**teenth** | |
| 20 | **twen**ty | | the **twen**tieth | |
| 21 | twenty-**one** | | the twenty-**first** | |
| 22 | twenty-**two** | | the twenty-**se**cond | |
| 23 | twenty-**three** | | the twenty-**third** | |
| 24 | twenty-**four** | | the twenty-**fourth** | |
| 25 | twenty-**five** | | the twenty-**fifth** | |
| 30 | **thir**ty | | the **thir**tieth | |
| 40 | **for**ty | | the **for**tieth | |
| 50 | **fif**ty | | the **fif**tieth | |
| 60 | **six**ty | | the **six**tieth | |
| 70 | **se**venty | | the **se**ventieth | |
| 80 | **eigh**ty | | the **eigh**tieth | |
| 90 | **nine**ty | | the **nine**tieth | |
| 100 | a **hun**dred | | the **hun**dredth | |
| 150 | a **hun**dred and **fif**ty | | the **hun**dred and **fif**tieth | |
| 151 | a **hun**dred and **fif**ty-**one** | | the **hun**dred and **fif**ty-**first** | |
| 1000 | a **thou**sand | /θaʊzənd/ | the **thou**sandth | |

## Crédits photographiques

**Couverture**

**hg :** AGE/Jeff Greenberg
**hd :** Getty/Flickr/Mallory Varnum
**b :** Hémis.fr/Bruno Perrousse

**19 g :** Sipa/Rex Features/Theo Kingma
**39 a :** Shutterstock/Sebastian Knight
**39 b :** Shutterstock/Eric Isselée
**39 c :** Shutterstock/Tony Campbell
**39 d :** Shutterstock/Fivespots
**39 e :** Shutterstock/Alex Staroseltsev
**51 a :** Shutterstock/Eric Isselée
**110 :** AGE/Sian Irvine

Achevé d'imprimer sur les presses de
LTV
LA TIPOGRAFICA VARESE
Società per Azioni
Varese
N° d'éditeur 10197227
Dépôt Légal : Mai 2013
Imprimé en Italie